AF547143

David Spangler

TECHNO ELEMENTALE BESEELTE TECHNIK

Warum wir mit unserem Auto reden können und unser Smartphone ein spirituelles Werkzeug ist

Aus dem Amerikanischen von
Thomas Görden

Amerikanische Originalausgabe:
Techno-Elementals

Deutscher Erstdruck im AMRA Verlag
Auf der Reitbahn 8, D-63452 Hanau
Hotline: + 49 (0) 61 81 – 18 93 92
Service: Info@AmraVerlag.de

Herausgeber & Lektor	Michael Nagula
Einbandgestaltung	Guter Punkt
Layout & Satz	Birgit Letsch
Innenillus	Deva Berg
Druck	CPI books GmbH

ISBN Printausgabe 978-3-95447-425-7
ISBN eBook 978-3-95447-426-4

Ich widme dieses Buch allen,
die danach streben,
Liebe in unsere Welt zu bringen,
das Leben in den Dingen,
die wir erschaffen, zu segnen
und dadurch Ganzheit und Heilung
für alle Geschöpfe auf Erden
zu manifestieren, die physischen
wie die feinstofflichen.

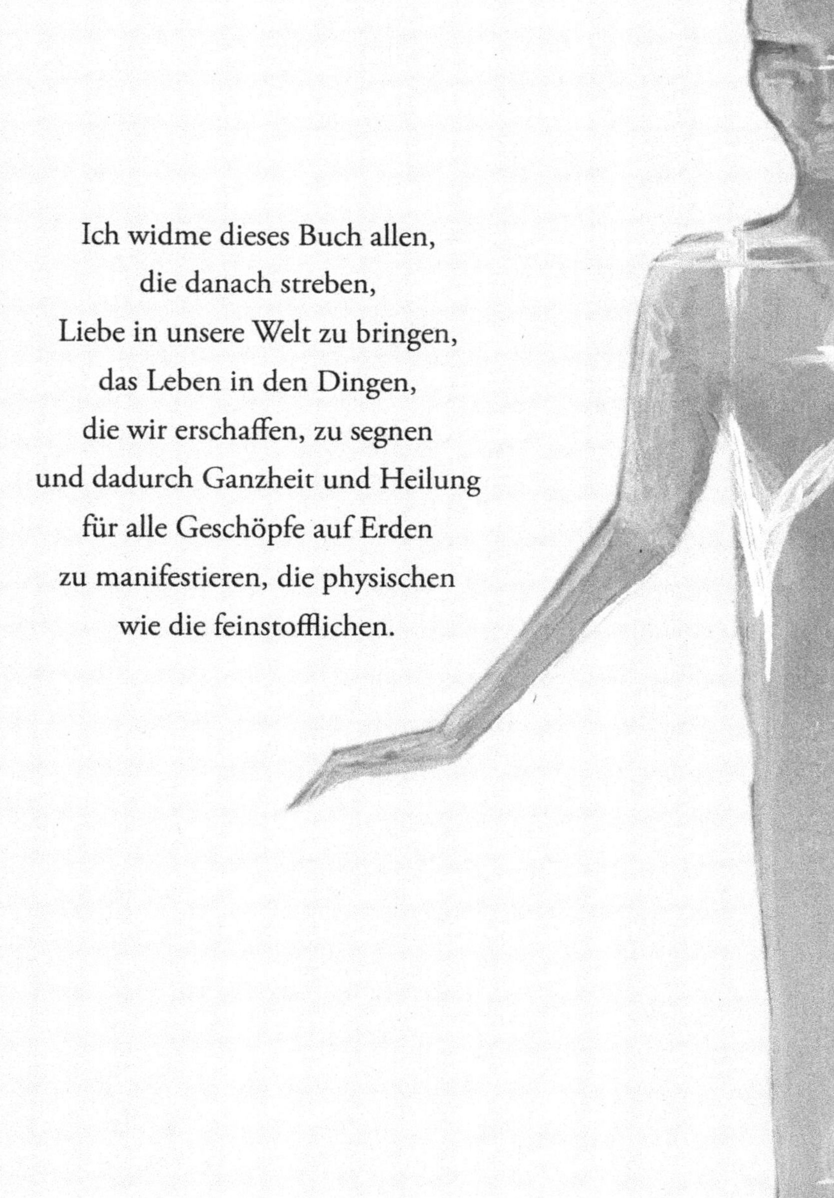

Inhalt

Einführung

Ich war achtzehn Jahre alt, als mein Vater mir, damit ich zum College fahren konnte, mein erstes Auto kaufte, einen 1959er Chevrolet Impala, der meinem Cousin gehört hatte. Dieser Wagen war damals in den Vereinigten Staaten sehr beliebt, unverwechselbar schnittig, mit Heckflossen, die horizontal nach außen statt nach oben ragten.

Dennoch hatte mein Vater ihn nur widerstrebend für mich erworben. Er war stets um meine Sicherheit besorgt, und die Aussicht, dass ich mich hinter dem Steuer in den gefährlichen Straßenverkehr wagte, bereitete ihm Albträume. Es war nicht so, dass er an meinen Fahrkünsten zweifelte. Sorgen machten ihm die »verdammten Dummköpfe auf dem Highway«. Seit ich selbst zwei Söhne und zwei Töchter habe, weiß ich, was ein Vater durchmacht, wenn seine Kinder das Autofahren lernen. Aber damals amüsierten und frustrierten mich seine Ängste.

Mein Vater hatte mit dem Chevy Impala zwei Probleme: Erstens war es *mein* Auto. Ich fuhr damit herum, statt sicher im Bus oder in seinem Wagen, in dem er selbst hinter dem Steuer saß. Zweitens war es kein VW Käfer. Seit unserer Rückkehr aus Marokko im Jahr 1957 hatte mein Vater ausschließlich Käfer gefahren, und er hielt dieses einzigartig aussehende deutsche Gefährt für das beste Auto der Welt. Doch hatte Dad den Chevy unglaublich günstig erhalten. Um mir einen Gefallen zu tun, hatte mein Cousin den Preis so niedrig angesetzt, dass mein Vater sich dieses Schnäppchen einfach nicht entgehen lassen konnte.

Ich liebte mein Auto. Damals hätte ich jedes Auto geliebt, das ich mein eigen nennen durfte, aber der Impala mit seinen eindrucksvollen Heckflossen war für mich das Allercoolste überhaupt. Er war mein Raumschiff!

Doch mein Vater hegte eine tiefe Abneigung gegen den Wagen und betrachtete ihn als notwendiges Übel. Das führte zu interessanten Vorkommnissen. Wenn ich allein damit fuhr, funktionierte alles perfekt. Ich hatte nie irgendwelche Probleme. Der Chevy und ich, das war eine Liebesaffäre. Wenn ich mit ihm auf dem Highway cruiste, war das Schnurren seines Motors für mich wie Engelsgesang.

Doch wenn mein Vater mitfuhr oder sich gar, was eher selten vorkam, selbst ans Steuer setzte, ging garantiert etwas schief. Es handelte sich immer nur um Kleinigkeiten, ein Klappern hier oder ein Klacken dort.

Vielleicht funktionierte ein Fenster nicht richtig, oder der Wagen sprang nicht sofort an, wenn er ihn zu starten versuchte. Es war nie so gravierend, dass wir in die Werkstatt mussten, aber mein Vater ärgerte sich jedes Mal. Es bestärkte ihn darin, dass der Chevy eine Mistkarre war, und um so mehr Sorgen machte er sich, wenn ich allein damit fuhr.

Dieses Phänomen faszinierte mich, und lachend sagte ich zu meinem Dad, dass das Auto ihn nicht mochte, weil er dessen Gefühle verletzte. Das war als Scherz gemeint, aber je öfter es passierte, desto mehr gelangte ich zu der Überzeugung, dass an der Sache tatsächlich etwas dran sein musste. Also stellte ich genauere Nachforschungen an.

Von Kind an hatte ich die Gabe, Dinge außerhalb der Reichweite meiner fünf Sinne wahrzunehmen, in jenem Bereich, den ich die »feinstofflichen« Dimensionen der Welt nenne. Dort treffe ich auf ein nicht-physisches Ökosystem, das ebenso buntgestaltig und reich ist wie unsere physikalische Umwelt. Hinzu kommt, dass dieses feinstoffliche Ökosystem sich auf vielfältige Weise mit unserem materiellen Universum überschneidet und darin eingewoben ist. Objekte, die für unsere physischen Sinne inaktiv und unlebendig erscheinen, können auf der feinstofflichen Ebene voller Leben sein. Unsere Vorfahren wussten noch sehr gut, dass das Universum ganz und gar lebendig ist. Erst während der letzten ungefähr dreihundert Jahre, also seit dem Beginn der industriellen Revolution, hat unsere westliche Zivilisation in ihrer völligen Fokussierung auf die materielle Wirklichkeit dies mehr und mehr vergessen.

Ich betrachte diese feinstoffliche Welt mit all ihrer Vielfalt und Vernetzung als die »zweite Ökologie« der Erde. Sie existiert in wechselseitiger Abhängigkeit zu der uns vertrauten physischen Ökologie und ist eng mit ihr verwoben. Sehr zu unserem Schaden ignorieren wir diese »zweite Ökologie«, und das in einer Zeit, in der es für uns eigentlich dringend notwendig wäre, unsere ganzheitliche Verbundenheit mit unserem Planeten wiederzuentdecken und zu stärken. Wenn wir die feinstoffliche Welt als ein Produkt von Fantasie und Aberglauben betrachten, als übernatürlich und märchenhaft, missverstehen wir ihre Natur und bleiben blind gegenüber dem Reichtum und den lebendigen Gaben, die sie uns anbietet.

Als ich die feinstofflichen Energiefelder erforschte, die mein Auto umgaben, stieß ich auf ein Wesen, dass sich in diese Felder integriert hatte. Mein Chevy war für dieses Wesen zu einer Verbindung in die physische Welt und, noch wichtiger, in die

Welt der Menschen geworden. Damals wusste ich noch zu wenig über diese Dinge, um zu verstehen, was das bedeutete und warum es wichtig sein konnte. Ich erkannte einfach, es gab da ein Wesen, das mein Auto umhüllte und durchdrang und auf meine Liebe und Wertschätzung für den Chevy anders reagierte als auf die Abneigung meines Vaters gegen ihn. Für mich funktionierte deshalb alles perfekt, während die Einstellung meines Vaters für Probleme sorgte. Dieses Wesen reagierte also ganz ähnlich auf Zuneigung oder Abneigung wie wir selbst!

Das war meine erste Begegnung mit jenen Wesen, die ich inzwischen »Techno-Elementale« nenne. Es handelt sich dabei um feinstoffliche Wesenheiten, so genannte Elementale oder Elementargeister, die sich gerne in menschlichen Geräten und Artefakten oder um diese herum aufhalten. Fünfzig Jahre später beschloss ich, über sie ein Buch zu schreiben.

Ich habe bisher zwei Bücher über die feinstofflichen Welten veröffentlicht. Sie heißen *Subtle Worlds: An Explorer's Field Notes* und *Working with Subtle Energies.* Beide Bücher sind nicht auf Deutsch erschienen. Außerdem schreibe ich ein esoterisches Magazin: *Views from the Borderland.* Viermal jährlich von der Lorian Association herausgegeben, bietet es mir die Möglichkeit, von meinen Beobachtungen, Erlebnissen, Kommunikationen und Begegnungen während meiner Erforschung der feinstofflichen Welt zu berichten. Es handelt sich also um Notizen über meine »Feldforschung«, die dazu dienen sollen, Interesse an der Realität, den Wundern und der Natürlichkeit der uns umgebenden nicht-physischen Welt zu wecken.

Im Jahr 2012 widmete ich die vierte Ausgabe des Magazins dem Thema »Techno-Elementale«. Diese Ausgabe war nur für die Abonnenten des damals ersten Jahrgangs meines Magazins erhältlich und wurde nie öffentlich verkauft. Doch wenn man bedenkt, welche Rolle die Techno-Elementale für unser Leben spielen, finde ich es wichtig, diese Informationen einem größeren Leserkreis zugänglich zu machen. Daher freue ich mich, in diesem Buch meinen aktuellen Wissensstand über diese Wesen präsentieren zu können. Es enthält gegenüber der damaligen Magazinausgabe wertvolles neues Material.

Jede Ausgabe von *Views from the Borderland* beginnt mit dem folgenden Hinweis:

> »Bei diesem Material handelt es sich um meine persönlichen Beobachtungen, die ich sie so genau und klar wie möglich schildere. Aber sie beruhen unvermeidlich auf meinen begrenzten persönlichen Erfahrungen und Erkenntnissen und unterliegen meinen Vorurteilen, Wahrnehmungsfehlern und Interpretationsfähigkeiten. Auch wenn ich auf diesem Gebiet über jahrelange Erfahrung verfüge, bin ich ganz sicher nicht unfehlbar. Ich forsche und lerne immer noch. Wenn ein anderer Mensch die gleichen Kontakte erlebt und die gleichen Phänomene beobachtet wie ich, kann seine Wahrnehmung dennoch anders aussehen und er kann zu anderen Interpretationen und Erkenntnissen gelangen. Mit der Bitte, das zu berücksichtigen, lade ich Sie ein, sich an diesen Forschungen zu beteiligen. Möge alles auf diesen Seiten, was in Resonanz zu Ihrem Bewusstsein und Ihrem Herzen steht, Ihnen Segen und Hilfe sein.«

Das trifft ganz besonders auf dieses Buch zu. Man sollte es als Teil eines fortlaufenden Forschungsprozesses betrachten, als einen ersten Ansatz, um die Natur der Techno-Elementale, die mit uns leben, besser zu verstehen. Entsprechend ist jedes Kapitel eine »Feldnotiz«, ein Bericht über eine von mir gemachte Beobachtung, und keinesfalls eine endgültige Feststellung über das Thema. Dieses Buch beschreibt also erste Schritte zur Erforschung spezieller Aspekte des gewaltigen, komplexen und wunderbaren Ökosystems der feinstofflichen Welt. Ich hoffe, es wird Sie zu weiteren eigenen Forschungen und Entdeckungen anregen und ermutigen.

Es liegt an der Natur des Materials, dass es sich um ein Buch mit esoterischen Ideen und Konzepten handelt, von denen Ihnen viele unvertraut sein mögen. Ich habe versucht, alles so einfach wie möglich zu halten, dabei aber gleichzeitig die Natur dieser Wesen möglichst umfassend zu beschreiben. Mir erschien es notwendig, sie in allen Details zu schildern, die ich wahrnehmen konnte. Wenn Sie aber das Gefühl haben, das sei zu viel Input, können Sie auch gleich zu Feldnotiz 19, »Mitbewohner«, weiterblättern. Dort und im Schlusskapitel »Übungen« finden Sie alle praktischen Informationen, die Sie für eine gute Beziehung zu den Techno-Elementalen in Ihrem Leben benötigen.

Und das ist ja schließlich das Wichtigste!

FELDNOTIZ 1

DAS SPEKTRUM DES LEBENS

Als ich sechs Jahre alt war, ging ich mit meinen Eltern ins Kino. Vor dem eigentlichen Film wurde ein Disney-Kurzfilm gezeigt, in dem die Möbel und andere Gegenstände lebendig waren und mit den Filmfiguren redeten. Ich erinnere mich, dass ich im Dunkeln saß und dachte: »Da hat jemand einen Film über *meine* Welt gemacht!« Natürlich standen in meiner Welt Sofas und Sessel nicht plötzlich auf und tanzten und sangen wie in dem Disney-Cartoon (obwohl ich das ziemlich cool gefunden hätte) oder führten Gespräche mit mir, aber sie besaßen eindeutig eine Präsenz, eine bewusste Energie, die ich wahrnahm. Eine Interaktion zwischen mir und dieser Form von Bewusstsein war möglich.

Die Vorstellung, dass alles lebendig ist, gehört seit Jahrtausenden zum schamanischen Weltbild und findet sich in der jüngeren Geschichte auch in manchen religiösen mystischen Traditionen. Dass buchstäblich alles von Leben erfüllt ist, wurde von einzelnen Menschen in allen Kulturen und zu allen Zeiten wahrgenommen und erfahren. Selbst im heutigen Alltagsleben neigen wir dazu, unsere Gegenstände und Geräte mit Persönlichkeit auszustatten und über sie zu sprechen, als wären sie lebendig. Die moderne Wissenschaft und Psychologie sieht darin lediglich anthropomorphische Projektionen, doch die Weisheit früherer Zeitalter war ganz anderer Auffassung. Und heute findet im Rahmen der Komplexitätstheorie und der Wissenschaft von den Nichtgleichgewichtssystemen eine Erweiterung unserer Definition der Grenzen von Biologie und organischer Chemie statt.

Seit schamanische Vorstellungen in unserer Kultur präsenter geworden sind, vor allem unter denjenigen, die alternative, naturorientierte Formen der Spiritualität erforschen und praktizieren, und seit wir vermehrt ganzheitlich und ökologisch denken, ist der Satz »Alles lebt« häufiger zu hören. Aber was genau bedeutet er? Was ist dieses »Leben«, das alles erfüllt und durchdringt? Ein Mystiker würde darauf vielleicht antworten, es sei Gottes Leben oder das »universale Leben«, aber was heißt das bezogen auf Metall und Plastik oder auf mein Lieblingssofa? Es würde wohl kaum jemand behaupten, es sei das gleiche Leben wie bei Ihnen und mir, den Vögeln draußen vor meinem Fenster oder dem Baum, in dem sie nisten.

Und doch habe ich zeit meines Lebens alles um mich herum als lebendig wahrgenommen. Leben ist für mich nicht nur ein biologisches oder organisches Phänomen. Es ist eine Manifestation von Energie, die organisiert und selbsterhaltend ist, ein Wirbel, ein Vortex innerhalb des größeren Flusses der universalen Energie. Und was bedeutet das?

Ich möchte Ihnen an einem Beispiel zeigen, wie ich persönlich die Anwesenheit von Leben in einem Objekt wahrnehme, das normalerweise als unbelebt gilt. Dazu wähle ich ein Sofa in meinem Wohnzimmer aus.

Wie alles andere auf der Welt ist auch mein Sofa zwiebelartig. Es ist eine Ansammlung von Seinsschichten, die ich mir, wenn ich auf Metaphern aus der Physik und dem Elektromagnetismus zurückgreife, als unterschiedliche »Frequenzen« vorstellen kann. Ich kann es mir wie ein Radio denken, auf dem wir uns mehrere verschiedene Sender anhören können, von denen jeder auf einer anderen Wellenlänge sendet. Um einen dieser Sender zu hören, muss ich am Radio die entsprechende Frequenz einstellen.

Ehrlich gesagt, gefällt mir dieses Wort *Frequenz* nicht, wenn ich Ihnen beschreiben möchte, wie ich die verschiedenen »Ebenen« wahrnehme, auf denen sich das Leben manifestiert. Es ist ein zu »elektronisches« Bild, das die Ausstrahlung und die Empfindungen dieser Lebensformen nicht wirklich erfasst. Vielleicht trifft »Dimensionen des Seins« es besser. »Frequenz« hat aber den Vorteil, ein Einzelwort zu sein, mit dem die meisten Menschen etwas anfangen können. Daher werde ich es benutzen, wenn auch mit einer gewissen Vorsicht.

Auf mein Sofa bezogen kann ich dann sagen, dass es »auf mehreren Frequenzen sendet«, von der konkreten, physikalischen Ebene der Atome, Moleküle und materiellen Substanz bis hin zur ursprünglichen, universalen »Frequenz« des Heiligen, des Einsseins, das die gesamte Schöpfung durchdringt. Ich weiß allerdings nicht, aus wie vielen dieser Frequenzen und Dimensionen des Seins sich das Gesamtphänomen meines Sofas zusammensetzt. Ich bin leider nicht in der Lage, meine Wahrnehmung auf sie alle einzustimmen. Aber mehrerer dieser Frequenzen bin ich mir bewusst und möchte sie Ihnen gerne beschreiben.

Wenn ich mein Sofa betrachte, sehe ich zunächst, was alle sehen: die äußere Erscheinung. Es ist etwas über zwei Meter lang und eignet sich perfekt dafür, im Liegen fernzusehen. Es ist aus Holz, Stoff und dickem Polstermaterial hergestellt, und die Kissen sind ebenfalls weich und dick. Es ist elfenbeinfarben, schön anzuschauen und sehr bequem. Auf dieser Wahrnehmungsebene erscheint es mir ziemlich alltäglich und ganz und gar nicht »lebendig« im landläufigen Sinne.

Verändere ich aber meine Wahrnehmung und Aufmerksamkeit, gewinnt das Sofa auf der ersten über das Physische hinausgehenden Frequenz eine neue, zusätzliche Qualität. Ich nehme nun nämlich ein Energiefeld wahr, von dem die physische Gestalt des Sofas umgeben ist. Dieses Feld ist »klebrig« und kann andere feinstoffliche »Energiegebilde« aufnehmen und akkumulieren, zum Beispiel jene, die durch unsere Gedanken und Emotionen erzeugt werden. Wenn ich zum Beispiel, während ich auf dem Sofa sitze oder liege, gut gelaunt und in friedvoller Stimmung bin, kann die Schwingung dieses Friedens in das Energiefeld des Sofas eindringen und dort haften bleiben, zumindest für eine gewisse Zeit. Das Gleiche geschieht, wenn ich aufgeregt oder ärgerlich bin. Auch diese emotionalen Energien können vom Sofa absorbiert werden. Es ist, als wäre das Sofa von einer Art medialem Klettband umhüllt, woran energetische »Fusseln« der in seiner Umgebung stattfindenden mentalen, emotionalen und spirituellen Aktivität haften bleiben.

Wenn diese psychischen Energien immer wieder auftreten, können sie sich dem Energiefeld des Sofas intensiv aufprägen. Sie dringen tief in seine energetische Substanz ein, weit unter die äußere »Klettschicht«, von der eben die Rede war. Ist das nicht der Fall, haften die »Energieflusen« nur leicht an und lassen sich durch eine einfache energetische Reinigung entfernen. Dafür genügt es oft schon, wenn wir liebevoll und vergnügt unsere Hausarbeit erledigen – idealerweise begleitet von der Schwingung angenehmer Musik – und dabei visualisieren, dass saubere, klare, vitale Energie durch das Zimmer strömt und die Möbel »entstaubt«.

Diese von außen absorbierte feinstoffliche Energie kann medial den Eindruck von etwas Lebensähnlichem vermitteln, doch in Wirklichkeit handelt es sich um die von der feinstofflichen Substanz des Sofas »aufgezeichnete« Lebensenergie von Personen, die sich in der Nähe aufhielten. Auf dieser sehr einfachen Ebene ist das Sofa energetisch aktiv, wie die meisten Dinge, aber das ist nicht dasselbe wie wirklich lebendig zu sein. Um zu entdecken, dass und auf welche Weise in meinem Sofa Leben wohnt, muss ich tiefer gehen.

In der Astronomie gibt es das Konzept der *habitablen Zone*. Das ist die Zone um einen Stern, wo ein Planet für die Entwicklung von Leben, wie wir es kennen, günstige Bedingungen aufweist. Wie groß diese »bewohnbare Zone« ist und wo im jeweiligen Sonnensystem sie sich befindet, hängt von den Eigenschaften des Sterns ab, um den der Planet kreist.

Wenn ich nun das Leben in meinem Sofa betrachte, suche ich ebenfalls nach einer »habitablen Zone«, in der das universale Fließen des Lebens sich zu Energiemustern organisiert, die zu einem gewissen Grad beständig und selbsterhaltend sind. Für mich sind solche Muster *Inkarnationssysteme*. Sie akkumulieren nicht einfach Energie oder Substanz, sondern organisieren sie auf dauerhafte Art.

Sie sind autopoietisch, also selbsterschaffend und selbsterhaltend. Sie verfügen über ein gewisses Maß an Kohärenz und Integration. In meiner Terminologie besitzen sie eine Identität, eine Abgrenzung, die sie von dem Energiestrom in ihrer Umgebung unterscheidbar macht.

Stellen Sie sich einen Fluss vor. Ein Ast liegt am Ufer und ragt teilweise ins Wasser. Dort, wo er darin eingetaucht ist, behindert er zu einem gewissen Maß die Strömung. Vielleicht bildet sich ein Wasserwirbel. Dieser Wirbel ist eine Gestalt, die bestehen bleibt, solange der Ast ins Wasser ragt, auch wenn das Wasser ständig weiterfließt.

Wenn der Fluss der Strom der Lebensenergie ist, der aus dem Schöpfungsmysterium hervorgeht, das wir das Heilige nennen, dann ist eine von ihm erschaffene Manifestation wie ein solcher Wasserwirbel. Sie ist eine komplexe Organisation fließender Energie, die sich an einer begrenzenden Struktur bildet. Diese Struktur definiert die besondere Form des Energiemusters und ermöglicht eine für längere Zeit stabile Organisation.

Wenn ich mein Sofa auf eine solche tiefergehende Weise betrachte und wahrnehme, gelange ich zu diesem Muster aus organisierter, lebendiger feinstofflicher Energie, die nicht einfach nur eine Ansammlung aus von außen kommenden »energetischen Fusseln« ist. Es handelt sich um eine energetische Präsenz, die eine einzigartige, innerlich kohärente und integrierte Organisation aufweist. Auf dieser Ebene erlebe ich das Sofa als lebendig, gewiss nicht als einen biologischen Organismus, aber als einzigartige Konfiguration empfindungsfähiger Energie.

Wie ist dieses Leben, so wie ich es wahrnehme, beschaffen?

Um noch einmal die Metapher des Flusses aufzugreifen: Der Ast, der den Wasserwirbel energetischer Organisation erzeugt hat, ist in diesem Fall die menschliche Vorstellungskraft, die das Sofa überhaupt erst hervorbrachte. Diese kreative Imagination formt eine absichtsvolle Struktur, um die herum sich Energie zu organisieren beginnt. Sie liefert die Matrix für ein Muster aus lebendiger Energie, das sich dann, verknüpft mit der physischen Gestalt des Sofas, manifestiert.

Das Sofa-Energiemuster in dieser »habitablen Zone« sieht für mich nicht wie ein Sofa aus. Tatsächlich hat es keine Ähnlichkeit mit den Formen, die wir von physischen Objekten gewohnt sind. Es handelt sich vielmehr um eine »Bewusstseinsform«, in der sich die Interaktionspotenziale widerspiegeln, die der Rahmen dieses Musters ermöglicht.

Empfindungsfähigkeit ist dabei ein wichtiger Schlüssel. Einer meiner Freunde, der Religionswissenschaftler und Mystiker Lee Irwin, Autor zahlreicher Bücher, definiert Empfindungsfähigkeit als »den Impuls, in Beziehung zu treten«. Beziehungen und Verbundenheit bilden das Fundament für Komplettheit, Ganzheit, und das ist es, worum es meiner Meinung nach in der gesamten Schöpfung geht.

Die »Bewusstseinsform« des lebendigen Energiefeldes, von dem mein Sofa umgeben ist, verfügt über diese Empfindungsfähigkeit (die übrigens nicht das Gleiche ist wie das, was wir bei uns selbst als Bewusstheit erleben). Sie ist so organisiert, dass sie auf einzigartige, durch ihr Muster definierte Weise fühlen und energetische Beziehungen herstellen kann. Diese kohärente Organisationsstruktur ist das, was an meinem Sofa lebendig ist, sein »Inkarnationsmuster«.

Wenn ich diese »Energiegestalt«, die mein Sofa ist, erlebe, finde ich sie nicht besonders komplex oder flexibel. Sie besitzt zum Beispiel kein bisschen Eigeninitiative. Im Vergleich zu ihr ist ein Mensch als Energieform ungemein komplexer, organisierter und fähiger.

Action-Figuren, um eine andere Metapher anzuwenden, werden danach klassifiziert, wie viele bewegliche Gelenke sie haben. Als Kind spielte ich mit Soldatenfiguren aus Plastik, die aus einem Stück gegossen waren. Sie hatten keine Gelenke. Später hatte ich Spielzeugsoldaten, die sich zumindest an einer Stelle bewegen ließen: Man konnte sie in der Taille beugen. Mit der Zeit entwickelten die Spielzeughersteller Figuren mit immer mehr Gelenken. Man kann bei ihnen Kopf und Hände bewegen, Ellbogen und Knie. Sie können also zunehmend die gleichen Posen einnehmen wie reale Menschen. Das Kind muss sich nicht mehr vorstellen, dass sein Spielzeugsoldat sich bückt oder hinsetzt. Es kann ihn diese Bewegungen ausführen lassen.

Energetisch, im Bereich ihrer Empfindungsfähigkeit, besitzen Menschen eine enorme Anzahl von »Gelenken«. Unser Bewusstsein kann überaus flexibel auf seine Umwelt reagieren und auf sie einwirken, initiativ werden, kreativ sein und so weiter. Mein Sofa besitzt nur wenige »Empfindungsgelenke«. Es ist also in seinen Wahrnehmungs- und Handlungsmöglichkeiten erheblich eingeschränkter als ich. Aber es ist auf dieser energetischen Ebene keineswegs unbewusst oder leblos.

Das erlebe ich täglich, nicht nur bei meinem Sofa, sondern bei allen Objekten in meiner Umgebung. In der »habitablen energetischen Zone« besitzen sie ein Feld aus lebendiger Energie und Empfindungsfähigkeit. Wenn ich ihnen Liebe und Wertschätzung sende, reagieren sie darauf. Es ist, als würde man auf ein Stück glimmende Kohle blasen, das dadurch hell und heiß aufleuchtet. Es wird eine Verbindung hergestellt, und Liebe strömt zu mir zurück. Mit der Zeit kann diese Beziehung sich tief in das feinstoffliche Energiemilieu des Gegenstandes einprägen wie ein Pfad, der tagein tagaus von vielen Füßen beschritten wird.

Ich stelle also fest, dass auf einer bestimmten Frequenz oder energetischen Ebene in meinem Sofa eine empfindungs- und reaktionsfähige Struktur existiert. Und diese sich selbst organisierende Empfindungsfähigkeit nahm ich schon als Kind wahr, ich spürte dieses Leben in den Möbeln und anderen Objekten in meiner Umgebung, wie es in dem Disney-Zeichentrickfilm so charmant und witzig dargestellt wurde.

Unter den richtigen Umständen kann dann noch etwas anderes geschehen, etwas, das eng mit dem Phänomen der Techno-Elementale verknüpft ist. Das Energiemuster, das einen Gegenstand umgibt, kann interessant für nicht-physische Wesen werden, die deutlich höher entwickelt und bewusster sind. Würde das mit meinem Sofa geschehen, hätte es zur Folge, dass ich, wenn ich mich auf das Möbelstück einstimme, plötzlich in Kontakt mit einem spirituellen Wesen trete, das in der Lage ist, aktiv mit mir zu kommunizieren. Ein solches Wesen »reitet« auf der Energie des Sofas, operiert aber auf einer anderen Frequenz.

Als mein erstes Kind fünf Jahre alt war, machten wir einen Ausflug ins Disneyland. Dort kaufte ich ihm ein Stofftier – den Bumblelion aus der damals populären Disney-Serie *The Wuzzles*, ein Wesen, das halb Löwe und halb Hummel war. Es war einfach unwiderstehlich lustig und süß, und John-Michael liebte es heiß und innig. Er nahm es überallhin mit. Es wurde sein ständiger Gefährte, ob er spielte, aß oder schlief.

Eines Tages, als ich Bumblelion in der Hand hielt, spürte ich eine Präsenz. Wie sich herausstellte, handelte es sich um einen verspielten Geist, der zum Teil Beschützer war. Er gehörte zu jener Art Wesen – man kann sie sich wohl als Engel vorstellen – die gerne Verbindung zu Kindern aufnehmen. Dieses hatte an das Energiefeld von John-Michaels Stofftier angedockt. Johnny hatte den Bumblelion so mit Liebe überschüttet, dass dessen Energiestruktur komplexer geworden war. Seine Empfindungsfähigkeit und Beziehungsfähigkeit hatte sich so weit erhöht, dass dieses innere Wesen auf es aufmerksam geworden war und einen Kontakt herstellte. Es nutzte das Stofftier als physischen Verbindungspunkt in unsere Welt, durch den es seine liebevolle, beschützende Energie senden konnte.

Wenn ich seitdem ein Stofftier für eines meiner Kinder oder die Kinder unserer Freunde kaufte, lud ich es jedes Mal mit liebevoller Energie auf und stellte dann den Kontakt zu einem dieser Wesen her. Ich lud es ein, über das Spielzeugtier als Verbindung das Kind zu segnen und zu beschützen. So wurden die Stofftiere zu Talismanen!

Ich möchte betonen, dass diese Wesen nicht in den Objekten wohnen oder diese »besetzen« (wie die bösen Puppen in Horrorfilmen). Sie schaffen lediglich eine Verbindung, einen Kanal, durch den sie in unserer Welt aktiv werden und sich einbringen können. Dazu wird aber nicht das Objekt instrumentalisiert. Vielmehr tritt ihr Energiefeld in Beziehung zu unserem eigenen.

Ich verwende dafür manchmal das Bild eines Tauchers, der einen Gürtel mit Gewichten anlegt, um seinen Auftrieb zu überwinden und unter Wasser bleiben zu können. Die Energiefrequenz, auf der viele dieser Wesen agieren, macht es für sie schwierig, sich in unserer physischen Realität aufzuhalten. Energetisch haben sie dafür »zu viel Auftrieb«. Doch indem sie sich in das Energiefeld von einem unserer Gegenstände »einklinken«, werden sie sozusagen schwerer. Diese Metapher trifft es nicht wirklich, denn mit physischen Metaphern lassen sich feinstoffliche Phänomene nur unzureichend beschreiben. Aber ich hoffe, dass sie doch einen Eindruck von dem Vorgang vermitteln, was wichtig ist, um die Natur und das Verhalten der Techno-Elementale zu verstehen, mit denen wir uns in diesem Buch beschäftigen.

Zum Abschluss dieses Kapitels möchte ich Sie auf etwas hinweisen. Es gibt in meinem Sofa – und ebenso in allen anderen Dingen, uns selbst eingeschlossen – eine Bewusstseinsdimension, eine »Frequenz« des Lebens, die »das Fundament« bildet oder »das Höchste« ist, je nachdem, welches Bild Sie bevorzugen. Wenn ich versuche, mich auf die »energetisch habitable Zone« meines Sofas einzustimmen, kann es passieren, dass ich über dieses Ziel hinausschieße und in einen mystischen Zustand gelange, in dem ich mir einer Präsenz, eines Lebens bewusst werde, das nicht nur in meinem Sofa ist, sondern in allem, was existiert. Das ist das Ur-Leben, aus dem alles Geschaffene stammt. Ich betrachte es als die Ebene des Heiligen. Dieses Leben ist ein allgegenwärtiger Zustand. Es ist das uns allen gemeinsame Leben, das Leben des Kosmos, das Leben des Einen oder wie immer wir uns diese Frequenz vorstellen.

Auf dieser Ebene ist das Sofa ohne jeden Zweifel lebendig, aber es ist nicht länger ein Sofa. Auch ist es kein von anderen unterscheidbares, organisiertes Energiefeld, mit seinen Grenzen und individuellen Eigenschaften. Auf dieser Ebene ist die Energie, die ich spüre, das Leben, das ich spüre, Teil des universalen Einsseins, das alle Dinge durchfließt und allen Manifestationen zugrunde liegt. Sie ist der Fluss, in dem die individuellen Wirbel der Manifestation und Schöpfung gebildet werden. Der Kosmos selbst ist lebendig. Mehr gibt es darüber nicht wirklich zu sagen, aber die Konsequenzen sind weitreichend.

Mir geht es darum, dass wir das Leben als Spektrum betrachten. Was wir für »Leben« halten, ist in Wahrheit nur eine dünne Scheibe dieses Spektrums, so wie das sichtbare Licht nur ein kleiner Teil des elektromagnetischen Spektrums ist. In der physischen Welt begegnet uns das Leben in einer enormen Formenvielfalt. Das gilt um so mehr für die nicht-physische oder »feinstoffliche« Seite der Dinge. Von unserer Position in diesem Spektrum aus gesehen – unserem Bewusstsein und unserer Energie – gibt es im Vergleich zu uns wesentlich einfachere Lebensformen, zum Beispiel das Leben in meinem Sofa, aber auch Lebensformen, die unendlich viel komplexer als wir sind, zum Beispiel das Leben des Planetenengels, den wir »Gaia« nennen, unsere Erde.

Techno-Elementale existieren innerhalb der feinstofflichen Frequenzen dieses Spektrums und sind auf sehr enge Weise mit unserer Realitätsebene verbunden. Damit werden wir uns in den folgenden Feldnotizen befassen.

FELDNOTIZ 2

EIN FEINSTOFFLICHES ÖKOSYSTEM

Um Techno-Elementale zu verstehen, müssen wir auf neue Art denken. Wenn Sie noch nie in Betracht gezogen haben, dass die feinstofflichen Welten real sein könnten, werden Sie sich auf ziemlich unvertrautes Terrain vorwagen müssen. Trotzdem möchte ich, dass Sie mit mir sogar noch einen Schritt weiter gehen: Stellen Sie sich vor, dass die feinstofflichen Welten Ökosysteme und feinstoffliche Wesen Organismen sind, Begriffe, die normalerweise nur auf das biologische Leben und seine Umweltbeziehungen angewandt werden.

Nach meiner Erfahrung ist Leben Leben, ganz gleich, wo man es antrifft und wie es sich manifestiert. Alle Organismen, ob Kühe, Bäume, Hunde, Bakterien, Menschen, Naturgeister, Devas oder Engel weisen ähnliche Eigenschaften auf und gehorchen bestimmten Prinzipien. Alle manifestieren eine Identität und ein damit assoziiertes kohärentes Feld – einen »Körper« –, durch den sie ihre Identität zum Ausdruck bringen. Die Substanz dieses Körpers kann sich sehr von physischer Materie unterscheiden und anders aussehen als alles, womit wir in der physikalischen Welt vertraut sind, aber es ist dennoch ein Körper.

Alle Wesen tauschen mit ihrer Umwelt Energie aus. Alle formen zu einem gewissen Grad ihre Umwelt und werden von ihr geformt. Alle verfügen über die Fähigkeit, mit anderen Wesen in Kontakt zu treten und zu interagieren. Alle kommunizieren, obwohl nicht notwendigerweise auf eine Art und Weise, die wir erkennen oder verstehen können. Alle sind empfindungsfähig. Alle sind in der Lage, sich zu verändern, sich zu entwickeln und zu lernen, was bedeutet, dass sie über Intelligenz verfügen, wenn auch in einer Form, die sich erheblich von der durch den Menschen zum Ausdruck gebrachten Intelligenz unterscheiden kann.

Ein Freund, der seit langem Zen-Buddhismus praktiziert, sagte einmal zu mir: »Weißt du, David, in der Zen-Tradition werden feinstoffliche Wesen, sogar wenn sie real sind, als Ablenkungen auf dem Weg zur Erleuchtung betrachtet. Man lehrt uns, sie zu ignorieren.« Ich habe Verständnis für diese Auffassung. Er meinte den Zauber, der damit verbunden ist, etwas zu begegnen, das von vielen Leuten als übernatürlich betrachtet wird, den Schauer und die Erregung, die das auslösen kann. Das kann in der Tat ablenken.

Bei diesem Problem, das mein Freund ansprach, geht es um mehr als bloße Ablenkung. Alles Mögliche kann uns ablenken. Das Problem liegt darin, wie wir über die nicht-physischen Dimensionen denken und welche Bilder und Worte wir in diesem Zusammenhang benutzen. Für sehr lange Zeit betrachtete die Menschheit diese Dimensionen als eine abgetrennte und grundsätzlich unbekannte, sogar gefürchtete Realität, die den Bereichen Religion, Magie, Mystik und Aberglaube zugeordnet wurde. Es war das Reich der Toten, der Geister, Naturkräfte, Götter und übernatürlichen Mächte, von dem der gewöhnliche Mensch sich besser fernhielt.

Doch für mich ist die feinstoffliche Welt nicht »übernatürlich«. Sie ist »auf andere Weise natürlich«. Sie ist Teil der größeren Ökologie eines Planeten, der über seine physische Ebene hinaus noch viele weitere Aspekte hat. Die feinstoffliche Dimension wird zwar aus Energien geformt, die viel mit dem gemeinsam haben, was wir als Gedanke, Gefühl und Geist erleben, sie ist aber ebenso Teil der natürlichen Ordnung wie Wälder, Berge, Ozeane und Flüsse. Nur ist unsere Vorstellung davon, was »natürlich« ist, bislang zu eng.

Eine umfassende Erkundung und Erklärung dessen, was ich »die zweite Ökologie der Erde« nenne, würde den Rahmen dieses kleinen Buches sprengen, das sich nur mit einem speziellen Element dieser Ökologie beschäftigt. Hier geht es mir darum, dass wir die Natur der Techno-Elementale besser verstehen, wenn wir sie als Organismen betrachten, die aus Bewusstsein und Energie bestehen und sich aus Gründen zu uns hingezogen fühlen, die auch bei jedem anderen Lebewesen verständlich sind: Wir haben ihnen etwas zu bieten, das für sie von Vorteil ist. So kommt es, dass sie Einfluss auf unser Leben ausüben, manchmal auf positive Weise, manchmal allerdings auch auf potenziell gefährliche Weise, wenn wir es versäumen, sie mit Wertschätzung zu behandeln.

Ich wohne im pazifischen Nordwesten, und hier sind Krähen allgegenwärtig. Seit Jahren nistet ein Krähenpaar in der Nähe und besucht mich jeden Morgen auf meiner Veranda. Das hat einen ganz einfachen Grund: Ich liebe es, sie zu füttern. Ich versuche nicht, sie zu zähmen und in Haustiere zu verwandeln. Ich glaube auch gar nicht, dass ich das könnte. Sie beobachten mich mit einer wachsamen Vertrautheit. Ich weiß, sie wissen, dass sie von mir nichts zu befürchten haben. Mein einziges Motiv besteht darin, etwas Freude in ihr Leben zu bringen, weil ihre Gegenwart mich mich selbst so erfreut. Es sind einfach wunderschöne Vögel.

Ich bin ganz sicher kein »Krähenflüsterer«. Ich weiß, sie würden mich ignorieren, wenn ich sie nicht füttere. Sie würden dann gar nicht auf meiner Veranda landen und es würde sich nicht eine von ihnen gerne auf einen der Verandastühle setzen und durchs Küchenfenster spähen, um zu sehen, ob ich in der Nähe bin, und mir zu signalisieren, dass sie da ist. Sie hätten dann keinen Grund, mit mir zu interagieren, denn ich wäre dann nicht interessant für sie und, vor allem, für ihre Mägen.

Techno-Elementale sind diesen Krähen nicht unähnlich. Sie tauchen in unserer Menschenwelt auf, weil es dort etwas gibt, das für sie von Wert ist. Sie tun, was auch andere Organismen tun. Dadurch bietet sich die Möglichkeit, Beziehungen aufzubauen, die für alle Beteiligten von Vorteil sein können. Dieses Potenzial möchte ich in diesem Buch gemeinsam mit Ihnen erkunden. Die Erkundung beginnt, indem wir zunächst einmal wertschätzen, dass wir es mit Lebensformen, Organismen, zu tun haben, die so viel Liebe und Achtung verdienen wie die physischen Lebewesen in unserer Welt. Denn auch sie *sind* ein Teil unserer Welt. Es ist nun einmal so, dass diese Welt größer und wunderbarer ist, als die meisten Menschen glauben.

FELDNOTIZ 3

EIN LEBENDIGES UNIVERSUM

Ich unternahm kürzlich einen Nachmittagsspaziergang in meiner Nachbarschaft. Es war einer der seltenen Tage im pazifischen Nordwesten Amerikas mit klarem, wolkenlosem Himmel und Sonnenschein. Ich genoss die Sonne, doch nachdem ich einige Zeit spaziert war, machte ich mich auf den Rückweg. Als mein Haus wieder in Sichtweite kam, wanderten meine Gedanken zu all den Dingen, die ich an diesem Tag noch erledigen musste. Deshalb bemerkte ich die schönen Blumen kaum, die ein Nachbar in seinem Vorgarten gepflanzt hatte, gleich neben den Bürgersteig, auf dem ich ging.

Ich wollte gerade die Straße überqueren, als ich plötzlich das Gefühl hatte, jemand klopfe mir auf die rechte Schulter, um mich auf sich aufmerksam zu machen. Ich blieb stehen, und als ich mich umdrehte, sah ich ein kleines Wesen, vielleicht einen Meter zwanzig groß, mitten in dem Blumenbeet meines Nachbarn auftauchen. Ich bin mir der feinstofflichen Energien der Naturgeister in der mich umgebenden Landschaft oft bewusst, aber nur selten erscheint mir eines dieser Wesen in einer so deutlichen, klar sichtbaren Gestalt. Es sah ganz wie ein kleiner Mensch aus.

Während ich dort stand und das Wesen mit einer Mischung aus Überraschung und Freude ansah, lächelte es, streckte die Hand aus, klopfte auf meinen Arm und zeigte mit der anderen Hand nach oben. Also schaute ich dorthin.

Hoch oben im blauen Himmel sah ich ein breites Band aus goldenem Licht, das sich von Ost nach West erstreckte. Ich konnte seine Größe nicht einschätzen, da nichts auszumachen war, mit dem ich es hätte vergleichen können. Auch in welcher Höhe das Band schwebte, ließ sich nur schwer beurteilen, aber es müssen vielleicht hundert oder zweihundert Meter gewesen sein. Das Band befand sich in einer wellenförmigen, fließenden Bewegung. Während ich es beobachtete, senkte es sich langsam herab, nicht wie eine Wolke oder Nebel – dazu war seine Form zu klar definiert und abgegrenzt –, sondern eher wie eine riesige, lange, goldene Decke, die zur Erde herunter schwebt.

Ich stand reglos und versuchte, das, was ich da sah, zu begreifen. Dann empfing ich den flüchtigen inneren Eindruck einer riesigen, liebevollen leuchtenden Präsenz – vielleicht ein Deva –, die Urheber dieses Phänomens war.

Ich schaute wieder zu dem Naturgeist. Sein Blick war in den Himmel gerichtet, und auf seinem Gesicht spiegelte sich freudige Erwartung. Dann merkte ich, dass die gesamte feinstoffliche Umgebung von solcher Vorfreude und Aufregung geradezu vibrierte.

Als ich wieder nach oben sah, hatte sich das goldene Band aus Licht und Energie weiter der Erde genähert, und ich erkannte, dass es den größten Teil des Tals bedecken würde, in dem ich wohne, einschließlich des benachbarten Sees. Während die goldene Decke sich herabsenkte, spürte ich, dass alles feinstoffliche Leben in meiner Umgebung sich öffnete und gewissermaßen energetisch die Arme ausbreitete, um das goldene Licht zu empfangen. Ich fragte den Naturgeist, was da gerade geschah, aber dieses Wesen war nicht daran gewöhnt, mit Menschen zu kommunizieren, und schon gar nicht über Worte. Ich empfing stattdessen ein Gemisch aus Bildern und Sinneseindrücken, alle von Freude erfüllt. So weit ich die Antwort des Naturgeistes überhaupt in Worte übersetzen kann, handelte es sich bei diesem goldenen Band um einen zur Erde strömenden Segen, der von einer schöpferischen Lichtquelle aus einer höheren Ebene des Lebens stammte. Ich kann nicht sicher sagen, ob es sich dabei um einen regelmäßigen, vielleicht sogar täglich stattfindenden Vorgang handelte oder um etwas Besonderes – denn für das Wesen, das da zwischen den Blumen aufgetaucht war und mit mir kommunizierte, hatte die Zeit keine Bedeutung. Offensichtlich handelte es sich bei diesem Phänomen des goldenen Bandes aber um eine Art Nahrung.

Als die »Decke« aus Energie den Boden erreichte, war mir, als verwandelte sie sich in einen feinen goldenen Dunst, der die ganze Gegend einhüllte. Das kleine Wesen neben mir wurde dabei sichtlich heller. Es leuchtete regelrecht auf, dann verschwand es, war für mich nicht länger sichtbar. Ich wusste aus früheren Erfahrungen, dass dieses Wesen seinerseits den Pflanzen, den Mineralien und dem Erdboden dabei helfen würde, diese segensreiche feinstoffliche Energie zu absorbieren.

Ich habe keine Ahnung, ob das, was ich an jenem Nachmittag hellseherisch als goldenes Band aus Licht und Energie wahrnahm, von dem Naturgeist, der mich darauf aufmerksam machte, genauso wahrgenommen wurde. Ich bin mir ziemlich sicher, dass ich mit dieser Energie auf andere Weise in Kontakt trat als er. Für mich war das goldene Leuchten keine »Nahrung«, jedenfalls nicht so wie für ihn. Ich fühlte mich an eine Bäuerin erinnert, die ihren Pferden Hafer und Heu hinstreut.

Jedenfalls erfüllte mich das Erlebnis mit Freude über die Liebe und Fürsorge, von denen die feinstofflichen Bereiche der Natur durchdrungen sind.

Zwar war diese Erfahrung in ihrer ausgesprochen visuellen Form einzigartig für mich, aber mit dem Thema war ich durchaus vertraut. Es gibt zum Beispiel ein von mir als weiblich empfundenes feinstoffliches Wesen, das Lichtenergie auf den See in unserem Tal ausstrahlt. Ich spüre oft die von diesem Wesen gesendete segensreiche Lebensenergie, die den feinstofflichen Wesen des Sees und des umgebenden Landes Nahrung bietet – und, so glaube ich, auch uns physischen Wesen. Ganz ähnlich bin ich mir auch des Lichts und der Energie bewusst, die von dem Deva über dem Mount Rainier ausgehen, etwa achtzig Kilometer weiter südlich. Und das sind nur zwei dieser nährenden Energieströme in der näheren feinstofflichen Umgebung.

Die feinstoffliche Ökologie ist aktiv, pulsiert förmlich vor Leben. In ihr ereignen sich bestimmte, klar definierbare – ich würde sogar sagen universale – Aktivitäten, wie das gerade geschilderte Erlebnis veranschaulicht.

Die erste dieser Aktivitäten bezeichne ich als **Aufrechterhalten**. Damit ist die Aktivität gemeint, die die Grenzen und energetische Struktur einer bestimmten Manifestation aufrechterhält, zum Beispiel eines Baumes oder Steines, aber auch eines Sofas oder einer Lampe. Natürlich wird die physische, materielle Struktur einer Pflanze durch wohlbekannte botanische und biologische Vorgänge bestimmt und aufrechterhalten. Und die physische Struktur meines Sofas ist das Resultat bestimmter Vorgänge in einer Möbelfabrik und wird durch physikalische und chemische Prinzipien zusammengehalten. Doch sind in der feinstofflichen Welt die Grenzen und Strukturen fließender. Es handelt sich um Manifestationen aus Absicht und Energie. Zudem findet eine wechselseitige Beeinflussung zwischen feinstofflicher und materieller Welt statt. Das Phänomen, dass fokussierte Gedanken die physische Struktur und das Verhalten einer Pflanze beeinflussen können, ist gut belegt und dokumentiert. Und auch bei der Energieheilung oder der Heilung durch Gebet und Segnung wird feinstofflich auf den physischen Körper eingewirkt.

Dass gesunde feinstoffliche Energien in der physischen Welt aktiv sind, ist eine Tatsache. Beim feinstofflichen **Aufrechterhalten** geht es darum, diese Aktivität durch kohärente, integrierte Energiefelder und Gestalten mit stabilen funktionalen Grenzen zu leiten. Was mein Erlebnis angeht, ist es so, dass die Rosen in dem Blumenbeet neben dem Bürgersteig alle ihre eigene feinstoffliche Intelligenz, ihr inneres Leben besitzen, das die feinstoffliche Komponente ihrer Rosennatur aufrechterhält – das, was sie in die Lage versetzt, Rosen zu sein, und nicht zum Beispiel Gänseblümchen oder Sonnenblumen.

Eine weitere wichtige Aktivität ist das **Erzeugen**. Bis zu einem gewissen Grad sind alle feinstofflichen Wesen Erzeuger, aber bei vielen von ihnen, vor allem bei jenen, die Engel oder Devas genannt werden, ist es eine zentrale Funktion, nährende, stärkende Kräfte zu erzeugen. So wie die Sonne in der physischen Welt unsere planetare Ökologie mit Energie versorgt, gibt es in den feinstofflichen Welten Wesen, die feinstoffliche Energien zur Stärkung und Ernährung des Lebens und der Aktivität in den nicht-physischen Existenzbereichen erzeugen.

Die goldene Decke, von der ich den Eindruck hatte zu sehen, wie sie sich vom Himmel herabsenkte (obwohl sie in Wirklichkeit aus einer höheren Frequenz des Lebens kam), wurde vielleicht von dem Wesen erzeugt, das ich für einen kurzen Moment erblickte. Ich glaubte damals, dass es ein Deva war, vielleicht der »Landschafts-Deva« dieses Tals, in dem ich wohne. Doch der Kontakt war zu kurz, um sich dessen sicher zu sein. Meine Annahme beruhte auf meinem Wissen, dass viele Devas genau das tun: Sie nutzen ihre Erzeuger-Kraft, um andere feinstoffliche Lebensformen zu »nähren«.

Es ist aber sehr gut möglich, dass der wahre Ursprung der von mir beobachteten Energie auf einer für meine Wahrnehmung zu hohen Ebene liegt und dass das Wesen, das ich sah, sie überhaupt nicht erzeugte, sondern lediglich weitergab, um sie für mehr Lebensformen zugänglich zu machen. In dem Fall haben wir es mit der dritten feinstofflichen Aktivität zu tun, der **Weitergabe**. Sie bedeutet, dass ein Wesen empfangene Energie an andere weiterschickt.

Ein anschaulicheres Beispiel dafür findet sich in meinem Garten. Mein Ahornbaum besitzt seinen eigenen Geist, eine Intelligenz, die seine energetische Identität und Struktur aufrechterhält. Doch nehme ich um den Baum herum manchmal kleine leuchtende Wesen wahr, bei denen ich der Ansicht bin, dass es sich um Naturgeister handelt. Sie nehmen aktiv feinstoffliche Energien aus verschiedenen Quellen auf und wandeln diese Energien in eine Form um, die von dem Energiefeld des Ahornbaums absorbiert werden kann. Tatsächlich sorgen diese Wesen dafür, dass jene Energie zirkuliert, von der das Energiefeld des Baumes aufrechterhalten wird.

Und das war es auch, was der kleine Naturgeist tat, der mich auf die vom Himmel herabfließende Energie aufmerksam machte. Er empfing das, was ausgesendet wurde, und gab es so an seine unmittelbare Umgebung weiter, dass sie es empfangen und absorbieren konnte. In diesem Sinn kann man solche Wesen als »Absorptionshelfer« verstehen. Sie ermöglichen es einem Organismus, feinstoffliche Energien, die ihm dabei helfen, seine physische Manifestation aufrechtzuerhalten, und die er sonst nicht assimilieren könnte, aufzunehmen. Eine biologische Entsprechung sind jene Bakterien, die Stickstoff chemisch im Boden »fixieren«, wodurch die Pflanzenwurzeln ihn aufnehmen und nutzen können.

In der feinstofflichen Umwelt, wie ich sie wahrnehme, manifestiert sich Synergie. Sie ist angefüllt mit Wesen unterschiedlicher Art und Funktion, die untereinander Verbindungen eingehen und im Austausch stehen, so dass lebenspendende feinstoffliche Energien zwischen ihnen zirkulieren. Durch ihr Zusammenwirken erschaffen diese Wesen ein Ganzes, das größer ist als seine Teile.

Auf diese Weise schaffen und nähren die feinstofflichen Wesen fortwährend Beziehungen, und Beziehung ist die Grundlage des Schöpfungsprozesses. Kein Wesen ist dafür geschaffen, isoliert zu existieren. Wir sind alle Teil eines sich ewig erweiternden Beziehungs-Netzwerks und Energieaustauschs. So, wie die »Denkkraft« unseres Gehirns wächst, indem unsere Neuronen immer mehr Verbindungen bilden, wodurch das Gewebe unserer neuronalen Beziehungen immer dichter wird, wächst in der Schöpfung insgesamt die »Schöpfungskraft« und die »Lebenskraft« – die Fähigkeit, das Heilige zu offenbaren und zum Ausdruck zu bringen – dadurch, dass das Gewebe der Lebens- und Energiebeziehungen wächst. Es gibt also einen guten Grund für die Vielfalt des Lebens und seiner Ausdrucksmöglichkeiten auf allen Ebenen der Schöpfung.

Die feinstofflichen Wesen sind bestrebt, eine große Vielzahl von »Energien« und Qualitäten zu erzeugen und untereinander auszutauschen, indem sie Verbindungen zu anderen Wesen eingehen. Wenn neue Quellen für Informationen, Lernen und Energie verfügbar werden, gibt es immer Wesen, die diese Quellen aufsuchen, so wie ja auch in unserer Welt Organismen neue Umwelten aufsuchen und besiedeln, die sich für sie auftun.

Wichtig ist hierbei, dass in den feinstofflichen Welten gesunde Organismen einander nicht attackieren oder schädigen. Solange ein feinstofflicher Organismus nicht krank und pathologisch gestört ist – was vorkommen kann –, wird er sich niemals von der Lebenskraft eines anderen feinstofflichen Organismus in parasitärer Weise »ernähren«. Vielmehr ist der Austausch immer ein gegenseitiges Geschenk. Wenn ich Licht schenken kann, ist das für mich ebenso vorteilhaft wie für Sie als bereitwilligen Empfänger. Shakespeares Julia hatte recht, als sie über die Liebe sagte: »Je mehr ich sie dir schenke, desto mehr habe ich.« Insgesamt leben feinstoffliche Wesen dafür, ihr Leuchten frei dem Universum zu schenken, und freuen sich, wenn ein Wesen von dem profitiert, was sie ihm geben können. Das ist ganz wie bei einer Lehrerin, die sich darüber freut, ihr Wissen und ihre Weisheit an ihre Schüler weiterzugeben.

Menschen, die Energieheilung erlernt haben und praktizieren, sind damit vertraut, dass feinstoffliche Energien unterschiedliche Formen annehmen können.

Unter dem Oberbegriff »feinstoffliche Energie« wird ein weites Spektrum von Phänomenen zusammengefasst, denn es handelt sich dabei um ein komplexes Ökosystem. Das ist einer der Gründe dafür, dass ich gerne Metaphern und Begriffe aus der Biologie verwende. Nach meiner Erfahrung lassen sich die Natürlichkeit und der Reichtum des Lebens in den feinstofflichen Welten so am besten vermitteln, auch wenn derartige Metaphern immer nur eine Annäherung sein können.

Außerdem gelten viele Prinzipien des biologischen Lebens auch für das »energiebasierte« oder »geistbasierte« Leben im nicht-physischen Reich.

Näher darauf einzugehen, welche unterschiedlichen Formen feinstoffliche Energie annehmen kann, würde den Rahmen des hier vorliegenden Buches sprengen. Der wichtige Punkt für unsere Untersuchung ist, dass feinstoffliche Wesen sowohl nach Nahrungsquellen suchen wie auch einander wechselseitig nähren. Sie alle sind Mitwirkende und Mitschöpfer eines lebendigen Universums.

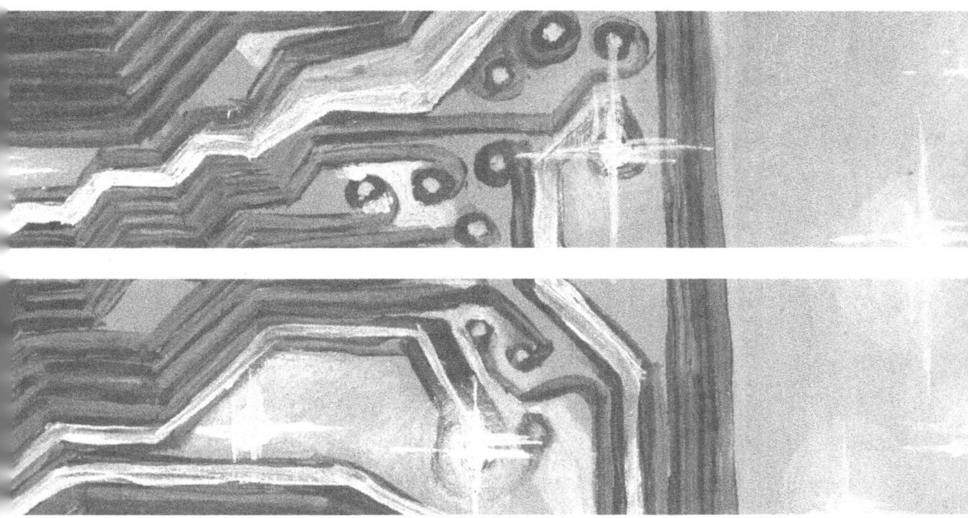

FELDNOTIZ 4

EIN LERNENDES UNIVERSUM

Während meines Lebens begegnete mir immer wieder der weitverbreitete Irrtum, feinstoffliche Wesen wären allwissend. Es wird angenommen, sie würden auf einer »höheren Ebene« des Lebens existieren, auf der alles Wissen offenbart ist und Zeit und Raum keine Geheimnisse mehr bereithalten. Aufgrund dieser Vermutung haben sich die Menschen seit Jahrtausenden aus der feinstofflichen Welt Führung, Rat, Weissagung und die Offenbarung verborgener Weisheit erhofft. Ich kenne viele Menschen, die in ihrem Leben keine Entscheidung treffen, ohne vorher einen Führer aus der geistigen Welt zu konsultieren. Sie glauben, wir inkarnierten Menschen wären die Schüler und die Bewohner der feinstofflichen Dimensionen die Experten.

Doch nichts ist weiter von der Wahrheit entfernt!

In diesem Universum sind wir alle Lernende, von der gewaltigsten kosmischen Wesenheit bis zum einfachsten Elementargeist. Es ist ein lernendes Universum.

Damit will ich nicht sagen, wir könnten in der feinstofflichen Welt nicht Weisheit, Erkenntnis, guten Rat, nützliche Informationen und tiefgründige Wahrnehmungen finden. Das ist durchaus möglich. Aber hier in der physischen Welt gibt es ebenfalls Weisheit, Erkenntnis und Wissen. Wir alle sind Experten für irgendetwas, Menschen nicht weniger als andere Lebensformen, und für uns alle gibt es noch viel zu lernen, viele Potenziale und Fähigkeiten zu entwickeln. Kein Wesen, auf welcher Ebene des Lebens auch immer, besitzt ein Weisheits- oder Wissensmonopol. Jedes Wesen auf jeder Ebene kann Fehler machen. Und das kann ein wichtiger Teil eines Lernprozesses sein.

Es gibt einen Wesenszug, den ich bei fast allen feinstofflichen Wesen bemerke, denen ich begegne, und zwar Neugierde. Manchmal, wenn dieses Wesen nicht-menschlich ist, wie zum Beispiel ein Naturgeist, kann diese Neugierde mir gelten. Der Naturgeist möchte herausfinden, wie ein Mensch tickt. Handelt es sich bei dem feinstofflichen Wesen um einen nicht-physischen Menschen, was auf die meisten meiner inneren Kontakte zutrifft, dann richtet sich die Neugierde nach außen auf die vielen Wunder des gewaltigen Spektrums des Lebens im Universum. Dieser Forschergeist entspringt dem Wunsch, zu lernen und Informationen zu sammeln, damit ein Bewusstsein sein Wissen vertiefen und seine Fähigkeiten erweitern kann, so dass sich neue Potenziale auftun. Daher sind, jedenfalls nach meiner Beobachtung, Neugierde und der Wunsch zu lernen die zentralen Lebensmotivationen im feinstofflichen Ökosystem und der hauptsächliche Grund für das Phänomen der Techno-Elementale.

In der Schöpfung verhält es sich so, dass das Leben immer nach neuen Entdeckungen sucht, die eine Erweiterung des Bewusstseins und der Existenz ermöglichen. Lernen zu ermöglichen und zu unterstützen ist gewissermaßen eine Grundfunktion der feinstofflichen Welten. Das Paradigma lautet: »Alle sind füreinander Lehrer.« Wer fortgeschrittener ist, also mehr weiß, über mehr Erfahrung verfügt, hilft denen, die weniger entwickelt sind. Wer etwas Neues lernt, gibt diese Erkenntnis an die weiter, die es noch nicht wissen.

Das ist keine hierarchische Angelegenheit, auch wenn wir uns das in unserer Welt oft so vorstellen: Wissen, das von den höchsten geistigen Ebenen nach unten weitergegeben wird. Als aufrecht gehende Wesen neigen wir dazu, unsere vertikale Voreingenommenheit auf die Schöpfung zu projizieren. Wir halten »oben« für »gut« und »unten« für nicht so »gut«. Doch so geht es in den feinstofflichen Welten nicht zu. Sie sind in ihrer Funktionsweise eher »sphärisch« als vertikal oder horizontal. Jedes Wesen, ganz gleich wo im Spektrum des Lebens es sich gerade aufhält oder wie sein Entwicklungsstand ist, hat etwas Einzigartiges und Wichtiges anzubieten und kann, unter geeigneten Umständen, ein Lehrer sein.

Das ist gar nicht so seltsam, wenn man näher darüber nachdenkt. Zwar ist es normalerweise so, dass die Erwachsenen den Kindern Dinge beibringen. Wir geben unser Wissen und unsere Weisheit an die jüngere Generation weiter. Doch immer wieder erleben wir, dass unsere Kinder Einsichten äußern, auf die wir noch nicht gekommen sind (oder die wir vergessen hatten), und wir von ihnen lernen. Wir Älteren haben die Weisheit nicht gepachtet. Das werden Ihnen alle Eltern bestätigen, die ihren Kindern aufmerksam zuhören.

Wenn ich »Lernen« sage, denken viele Leute sofort an die Schule und die Weitergabe von Informationen. Aber Lernen kann auf vielfältige Weise geschehen. Mein ältester Sohn ist kinästhetisch orientiert. Er lernt viel besser durch Beobachtung und Mitmachen statt durch Informationen aus einem Buch oder Vortrag. Zum Beispiel benötigte er, um Autofahren zu lernen, keinen theoretischen Unterricht. Er lernte es fast ausschließlich, indem er Leuten beim Fahren zuschaute und es dann nachmachte. Man kann also sagen, dass er Informationen mit dem Körper aufnimmt, nicht nur mit dem Intellekt. Sein Körper ist beim Lernen sogar viel mehr beteiligt als sein Intellekt.

Die Wesen in den feinstofflichen Welten lernen und lehren oft nicht durch Wissensvermittlung, sondern indem sie Energie und Sein mit anderen teilen, so dass ihre Bewusstseinsfelder sich mischen. Es ist, als würde ich in der physischen Welt Tanzschritte dadurch lernen, dass ein Tänzer meine Arme und Beine bewegt, damit ich ein Gefühl für die richtigen Muskelbewegungen bekomme. Genauer gesagt: Wenn ich einem feinstofflichen Wesen vermitteln möchte, was Liebe ist, gelingt das nicht, indem ich ihm intellektuell mit Worten erkläre, was es mit der Liebe auf sich hat, sondern indem ich mich real liebevoll verhalte, Liebe in meinem Energiefeld erzeuge und nutze, um das Wesen energetisch zu umarmen. Man teilt eine gemeinsame Erfahrung.

In den feinstofflichen Welten wird fast immer durch Sein gelehrt und gelernt.

In unserer Welt nähre ich meinen Geist durch Lernen, während ich meinen Körper durch Essen nähre. Auch wenn ich mein Leben ganz dem Lernen widme, muss ich immer noch meinen Körper ernähren. Aber selbst wenn ich oft und viel esse, lerne ich dabei wenig – außer vielleicht, von welchen Speisen ich Verdauungsbeschwerden bekomme! Doch in den feinstofflichen Welten ist der Unterschied zwischen Lernen und Essen nicht so eindeutig. Lernen kann dort eine Form von Nahrung sein.

Die Körper feinstofflicher Wesen sind, wie Sie sich sicher vorstellen können, ganz anders als unsere. Es handelt sich um Energiekörper, wobei dieses Wort aber, wie auch das Wort »Frequenz«, die Natur der feinstofflichen Substanzen, aus denen diese Körper bestehen, nur unzureichend beschreibt. Treffender ist es, sich diese Körper als aus lebendigen Qualitäten bestehend vorzustellen, zum Beispiel »Bewusstseins-Stoff« oder »Liebes-Stoff«. So, wie ich sie wahrnehme, handelt es sich eher um Felder, die vielleicht mit einem Magnetfeld vergleichbar sind, als um die konkreten Formen, die Körper in der physischen Welt annehmen. Zwar erscheinen sie mir formlos und fließend, manchmal als nicht mehr denn eine wirbelnde Lichtwolke, doch innerhalb ihrer eigenen natürlichen Frequenzen sind diese Energiekörper für sie so fest und berührbar, wie es unsere Körper für uns sind.

Wie bei meinem Erlebnis mit der goldenen »Energiedecke«, die sich, jedenfalls war das meine Wahrnehmung, aus einer höheren Welt kommend auf die Umgebung herabsenkte, geschieht es ständig, dass feinstoffliche Wesen Energie mit ihrer Umwelt austauschen. Sie besitzen einen Stoffwechsel, mit dem sie die Energien verarbeiten, die sie aufnehmen, um sich zu ernähren und zu erhalten. Diese Ernährung geschieht auf zwei Arten. Entweder wird die Substanz des einzigartigen Energiefeldes eines solchen Wesens erneuert und energetisiert, was also in etwa der physischen Ernährung in unserer Welt entspricht. Oder es wird die Textur und Qualität der Energie im Feld dieser Wesen gesteigert, vertieft oder verändert. Ich stelle mir das als einen Lernprozess vor.

Das soll nicht heißen, dass manche feinstofflichen Wesen nicht auch in der Lage sind, Informationen auf jene intellektuelle Weise aufzunehmen, die wir unter Lernen verstehen. Andererseits sind viele dieser Wesen zwar intelligent, besitzen aber keinen Intellekt, ja noch nicht einmal Bewusstsein, wie wir es uns vorstellen. Sie operieren auf der Ebene von »Körperintelligenz« oder »Energieintelligenz«, die frei von begrifflichem Denken, doch reich an direkter Erfahrung ist. Neues Wissen vermögen sie dennoch zu absorbieren und zu integrieren. Diese Wesen werden zu dem, was sie lernen, statt nur darüber nachzudenken oder es als eine Information zu erinnern. In einem lebendigen, lernenden Universum ist Lernen eine Form des Energieaustauschs, die so nahrhaft und wohltuend sein kann, wie das physische Essen für uns. Diese Information wird uns helfen, einige Wesenszüge der Techno-Elementale besser zu verstehen.

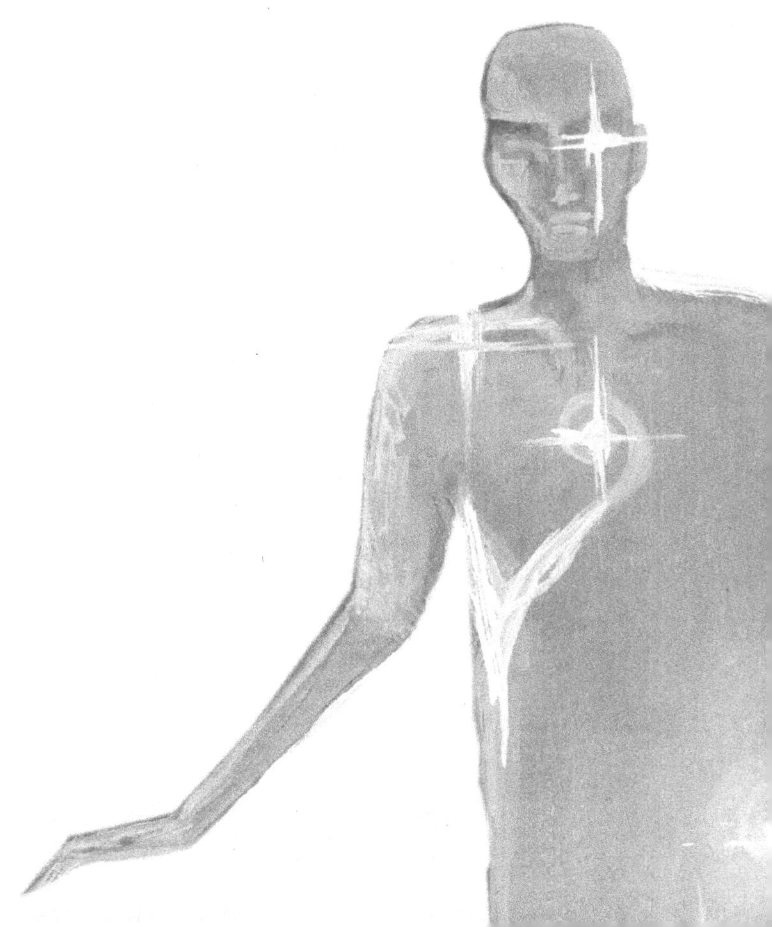

FELDNOTIZ 5

DIE ACHT FUNKTIONEN

Im Laufe meiner Arbeit und Forschung sind mir viele verschiedene Arten von feinstofflichen Wesen begegnet. Was Energie, Bewusstsein, Absichten und dergleichen mehr betrifft, können sie sich stark unterscheiden, doch sie alle haben acht Merkmale oder Funktionen gemeinsam. Wenn wir diese Funktionen verstehen, sind wir auch in der Lage, die Techno-Elementale zu verstehen. Bei diesen glorreichen Acht handelt es sich um Identität, Organisation, Austausch, Stoffwechsel, Generativität, Verbundenheit, *Holopoiesis* und Sichtbarwerden.

Jedes feinstoffliche Wesen, dem ich begegnet bin, besitzt eine **Identität**. In den meisten Fällen handelt es sich dabei nicht um das, was wir als »Persönlichkeit« bezeichnen, es sei denn, wir haben es mit einem menschlichen Wesen in Geistform zu tun. Die Identität eines feinstofflichen Wesens kann extrem einfach sein, nicht mehr als ein Fokuspunkt, der sich kaum von der Heiligkeit, der Grundidentität aller Dinge, unterscheiden lässt. Sie kann aber auch viel, viel komplexer als alles sein, was Sie und ich je manifestieren könnten. Allgemein formuliert ist die Identität, um einen Ausdruck aus der

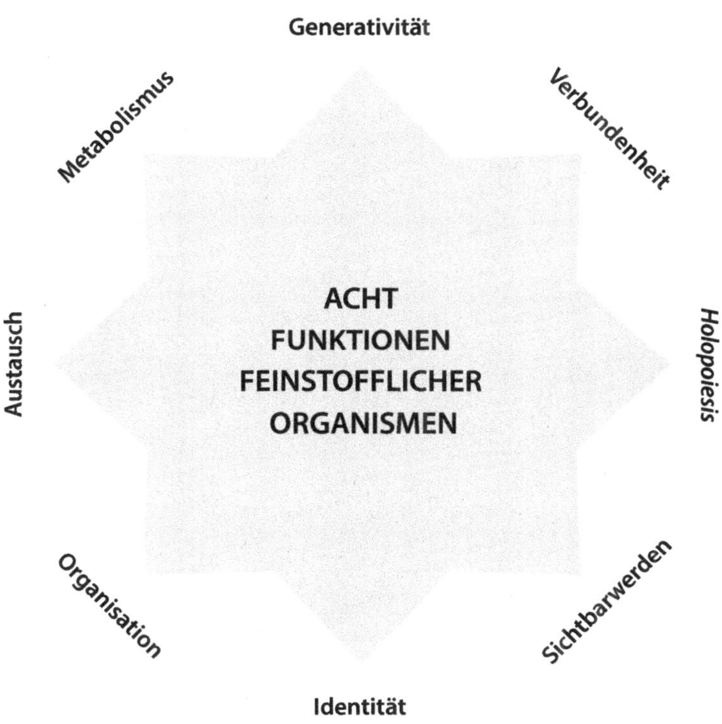

Abb. 1. Acht Funktionen feinstofflicher Organismen

Chaos- und Systemtheorie zu verwenden, ein »Attraktor«, der den Energien, aus denen sich ein feinstofflicher Organismus zusammensetzt, Kohärenz verleiht.

Diese Identität drückt sich, nach meiner Erfahrung, nicht durch einen Namen aus. Die meisten feinstofflichen Wesen, denen ich begegnet bin, tragen und verwenden keine Namen, wie wir das tun. Stattdessen steht die identifizierende »Signatur« oder Schwingung eines feinstofflichen Wesens – also wer und was es ist – oft im Zusammenhang mit seiner Funktion, seiner Rolle in einem größeren spirituellen Ökosystem. Oder, bei höher entwickelten, komplexeren Wesenheiten, ist sie wie eine in eine Sinfonie eingebettete Melodie – das Thema, das in unzähligen Variationen und Arrangements gespielt wird. In mystischer Hinsicht handelt es sich um das Licht ihres Seins, die Ausstrahlung, die sie erzeugen und der ganzen Schöpfung zum Geschenk anbieten.

Als mir damals mein erster Mentor und Partner begegnete, konnte ich an der Gesamtheit der von ihm ausstrahlenden Schwingungen erkennen, wer er war. Diese »Signatur-Schwingung« war sein Name, aber ich hätte sie nicht in Worten wiedergeben können. Der Einfachheit halber nannte ich ihn »John«, aber das war ein von mir gewählter Name, eine praktische Bezeichnung für etwas, das mein sprachliches Ausdrucksvermögen überstieg.

Mir ist noch kein feinstoffliches Wesen begegnet, das keine völlig einzigartige Identität besessen hätte. Ein solches Wesen kann eng vernetzter Teil eines kollektiven Bewusstseins oder Energiefeldes sein, wie es bei manchen Natur- und den meisten Elementargeistern der Fall ist, aber seine individuelle Ausdrucksform ist stets einzigartig. Ein Grund dafür besteht darin, dass kein Wesen in einem Vakuum agiert, getrennt von der übrigen Schöpfung. Alle Wesen agieren in einer Umwelt (selbst wenn diese Umgebung sich weit jenseits von allem befindet, was wir wahrnehmen, erleben oder uns vorstellen können) und in Beziehung zu anderen Wesen und Zuständen. Diese Beziehungen, dieses Eingebundensein, sind bei jedem Wesen einzigartig, wie kurzlebig sie auch sein mögen, und das interagierende Wesen wird in einem gewissen Maß von dieser Einzigartigkeit geformt.

Ich veranschauliche es Ihnen an einem Beispiel: Es gibt eine Engel-Spezies, deren Aufgabe darin besteht, Menschen Licht zu senden und ihnen zu helfen. Einerseits scheinen diese Engel einander völlig ähnlich zu sein – aus Licht geboren, Licht verkörpernd und zum Ausdruck bringend. Doch wenn ein solcher Engel mit einem Menschen interagiert, vor allem wenn das, wie es bei »Schutzengeln« der Fall ist, über einen längeren Zeitraum geschieht, passt sich sein Energiefeld diesem Menschen an, stimmt sich auf ihn ein. Damit wird die Identität dieses Engels unterscheidbar von der eines Engels, der einen anderen Menschen unterstützt. Ich stelle es mir so vor: Alle Engel dieses Typs (aufgrund meiner biologischen Ausbildung und meiner ökologischen Perspektive betrachte ich sie als eine »Spezies«) weisen sozusagen die gleiche energetische Melodie auf, aber jeder Engel repräsentiert ein anderes Arrangement dieser Melodie, komponiert in Reaktion auf den Menschen oder die Menschen, für den oder die dieser Engel zuständig ist.

Das zweite Merkmal ist **Organisation**. Damit meine ich, dass jedes feinstoffliche Wesen ein kohärentes Energiefeld aufweist, eine spirituelle Substanz, die so organisiert ist, dass dieses Wesen seine Identität zum Ausdruck bringen und seine Absichten und Aufgaben in seiner Umwelt erfüllen kann. Mit anderen Worten, es hat einen »Körper«. Weil feinstoffliche Wesen nicht durch physikalische Gesetze und Notwendigkeiten eingeschränkt sind, sehen solche Körper nicht so aus wie die Körper, die wir aus der physischen Welt kennen, und verfügen über andere Eigenschaften. Aber dennoch gibt es sie. Die in Feldnotiz 3 erwähnte Aktivität des **Aufrechterhaltens** verleiht diesen Körpern Präsenz und Dauerhaftigkeit.

Austausch ist das dritte Merkmal. Alle feinstofflichen Wesen tauschen Energie mit ihrer Umwelt aus, genau wie physische Wesen. Doch anders als bei physischen Organismen geht es dabei oft nicht um Nahrungsaufnahme. Manche feinstofflichen

Wesen werden tatsächlich von den verschiedenen Lebensenergien genährt, die in den feinstofflichen Welten zirkulieren, doch andere erhalten diese Kreisläufe aufrecht. Zum Beispiel bin ich wiederholt Devas begegnet, die aus höheren spirituellen Dimensionen lebensspendende Energien empfangen, Energien von so hoher Frequenz, dass sie von Wesen in niedrigeren Dimensionen nicht wahrgenommen oder empfangen werden können. Die Devas absorbieren diese Energien und strahlen sie dann in einer Form wieder aus, die von den in ihrer Obhut stehenden Wesen assimiliert werden kann. Eine passende Metapher wäre hier eine Ölraffinerie, wo aus Rohöl Benzin gewonnen wird, mit dem dann Autos betankt werden können.

Die Funktion des Austauschs steht in direktem Zusammenhang mit der Aktivität der **Weitergabe**, die ich in Feldnotiz 3 eingehender beschrieben habe.

Diese Fähigkeit, Energien auszutauschen, ist eine Funktion der Identität und Organisation eines feinstofflichen Organismus. Sie bedeutet außerdem, dass er in der Lage ist, die Energie, die er mit seiner Umwelt austauscht, zu verarbeiten. Er verfügt also über einen **Stoffwechsel**, einen Prozess, der *Homöostase* ermöglicht, also die Aufrechterhaltung eines ausgewogenen, harmonischen persönlichen Energiefeldes.

Das ist für ein feinstoffliches Wesen genauso wichtig wie für einen physischen Organismus.

Wie bereits erwähnt, besitzen feinstoffliche Organismen **Generativität**. Damit ist gemeint, dass sie Energien vielfältiger Art generieren und ausstrahlen. Dabei kann es sich um eine Stoffwechselfunktion des Organismus handeln oder um ein natürliches Ergebnis seiner Identität, aber in vielen Fällen beruht es auf bewusster Absicht. Wie ich in Feldnotiz 4 schrieb, gibt es Wesen, vor allem solche aus den engelhaften oder devischen

Entwicklungslinien, deren Funktion darin besteht, spirituelle und feinstoffliche Energien zu erzeugen, die Segen spenden, nähren, Kraft geben und erleuchten.

Ein sechstes Merkmal ist die Fähigkeit, **Verbundenheit** herzustellen und Beziehungen aufzubauen. Kein feinstoffliches Wesen existiert für sich allein. Es ist darauf angewiesen, an seiner Umwelt zu partizipieren, und sei es nur, um seine Bestimmung zu entfalten und zu erfüllen. Es muss Verbundenheit herstellen und Beziehungen eingehen.

Holopoiesis oder der Impuls, Ganzheit zu erschaffen, ist das siebte Merkmal, eines, das sich ganz natürlich aus der Herstellung von Verbundenheit und Beziehungen ergibt. Wie ich schon erwähnte, definiert Lee Irwin Empfindungsfähigkeit als den Impuls, in Beziehung zu treten, aber ich möchte hier noch einen Schritt weiter gehen. Innerhalb der Schöpfung gibt es einen Impuls, einen Wunsch, die Ganzheit zum Ausdruck zu bringen, die dem Heiligen innewohnt, dem schöpferischen Mysterium, das die Quelle von allem ist. Dieser Impuls manifestiert sich als die Empfindungsfähigkeit, die in allem Lebendigen gegenwärtig ist, wie einfach die jeweilige Lebensform auch sein mag. Beziehungen sind der Weg, aber die Ganzheit ist das Ziel. Ein Merkmal der Empfindungsfähigkeit, über die alle feinstofflichen Wesen verfügen – und überhaupt alle lebendigen Energien in all ihren Erscheinungsformen –, ist der Impuls, Beziehungen zu knüpfen und mit anderen Wesen zu interagieren und dadurch Ganzheit zu manifestieren.

Als Mystiker nenne ich diesen Impuls Liebe. Liebe sorgt für Verbundenheit. Sie bindet die Schöpfung zusammen und schafft Beziehungen, die immer wieder ermöglichen, diese Liebe zum Ausdruck zu bringen. Für mich geht es bei Empfindungsfähigkeit und Liebe darum, der Liebe Ausdruck zu verleihen, die das Herz aller Dinge ist. Und dieser Impuls ist allen feinstofflichen Wesen angeboren.

Das bedeutet allerdings nicht, dass alle feinstofflichen Wesen automatisch liebevoll und wohlwollend sind. Bei manchen wurde dieser Impuls verzerrt und verdunkelt, was zur Pathologie des Bösen führt. Doch selbst bösartige Wesenheiten versuchen, Ganzheit zu erschaffen. Nur tun sie das auf eingeschränkte, selbstsüchtige und letztlich zerstörerische Art, die Risse in der größeren Ganzheit der Schöpfung verursacht.

Auch bedeutet es nicht, dass von feinstofflichen Wesen **Holopoiesis** und Liebe in einer Form zum Ausdruck gebracht werden, die wir inkarnierte Menschen als Zuneigung verstehen und erleben können, also als jene Emotion, die wir für gewöhnlich Liebe nennen. Ich kenne feinstoffliche Wesen, die ohne Zweifel liebevoll sind, jedoch auf eine erschreckend unpersönliche Weise.

Das letzte wesentliche Merkmal feinstofflicher Geschöpfe bezeichne ich als **Sichtbarwerden**. Ich bin mit diesem Begriff nicht wirklich zufrieden, finde aber keinen passenderen. Bei einem physischen Organismus würde ich von »Veränderung« und »Wachstum« sprechen, also der Fähigkeit des Lebens, zu lernen, sich anzupassen und weiterzuentwickeln. Das Problem besteht hierbei darin, dass feinstoffliche Wesen Raum und Zeit nicht in der Weise bewohnen, wie wir es tun. Mit dem Konzept der Evolution oder Veränderung über längere Zeiträume lässt sich nicht wirklich beschreiben, was bei ihnen geschieht, denn für uns und unser Zeitempfinden scheinen solche Veränderungen oder Anpassungen bei den feinstofflichen Wesen plötzlich **sichtbar zu werden**. Andererseits besteht meiner Erfahrung nach die Natur jedes Wesens darin, sein eigenes Sein besser und besser zu entfalten und zum Ausdruck zu bringen und das heilige Potenzial zu erfüllen, das der Samen des Lebens in uns allen ist.

Diese acht Merkmale oder Funktionen sind bei allen feinstofflichen Wesen, die ich kenne, in der einen oder anderen Form vorhanden, ganz gleich ob es sich um ein sehr einfaches oder um ein hochentwickeltes Wesen handelt. Sie können sich auf unterschiedliche Art kombinieren. Die verschiedenen feinstofflichen Organismen bringen diese Funktionen nicht gleich stark und nicht auf die gleiche Weise zum Ausdruck. Aber alle acht sind bei ihnen stets vorhanden, selbst wenn es für uns schwierig ist, das zu erkennen oder zu verstehen.

Aufgrund unserer Erfahrungen in der physischen Welt hegen wir bestimmte Erwartungen, wie Leben, Form, Substanz, Intelligenz, Körper, Bewusstsein und so weiter beschaffen sind. Diese von uns entwickelten Kriterien sind in dem Maße vernünftig, wie sie uns helfen, unsere Umwelt zu kategorisieren und zu verstehen. Sie sind aber unzureichend, wenn wir hinaustreten in das größere Universum, wo das ganze übrige Spektrum des Lebens anzutreffen ist. Wir müssen für das, was uns in den feinstofflichen Dimensionen begegnet, neue Wege der Beurteilung und Beschreibung entwickeln, gerade auch weil die feinstoffliche Umwelt sich verändert, und zwar manchmal drastisch, wenn wir uns aus einer Frequenz oder Dimension des Bewusstseins und Lebens in eine andere bewegen.

Es hat sich für mich im Laufe der Jahre als sehr nützlich erwiesen, beim Umgang mit feinstofflichen Wesen diese acht Merkmale oder Funktionen zu beachten. Sie bilden ein gedankliches Hilfsmittel, um diese Wesen etwas besser zu verstehen, und ich hoffe, sie werden uns dabei helfen, die Natur der Techno-Elementale zu erforschen und zu verstehen.

FELDNOTIZ 6

FEINSTOFFLICHES HANDWERK

Im Sommer 1969 besuchte im Rom, woran ich mich gerne erinnere. Im Vatikan bestaunte ich, wie Tausende andere Besucher, Michelangelos Deckengemälde in der Sixtinischen Kapelle. Wirklich zu Tränen rührte mich aber seine berühmte Skulptur Marias mit dem Leichnam Jesu, die Pietà. Sie war so strahlend lebendig, und ich konnte kaum glauben, dass es sich um ein Stück Marmor handelte.

Michelangelos Ansatz für seine Arbeit als Bildhauer war sehr tiefgründig. Er sah sich nicht als Schöpfer, sondern als Befreier einer bereits vorhandenen Gestalt. Hier ein Zitat, in dem er diese Haltung erklärt:

> »Der noch unbearbeitete Marmor kann die Form eines jeden Gedankens der größten Künstler bergen. Jeder Steinblock trägt eine Statue in sich, und die Aufgabe des Bildhauers ist es, sie zu entdecken. Die Hand des Bildhauers vermag nur den Zauber zu brechen, der die Figuren im Stein schlafen lässt. Ich sah den Engel im Marmor und bearbeitete den Stein, bis ich diesen Engel befreit hatte.«

Wenn wir die Worte »Marmor« und »Stein« durch »Leben« ersetzen, passen diese Sätze Michelangelos wunderbar zu einem Prozess, bei dem aus der reinen Potenz des Seins, dem Heiligen, Potenziale freigesetzt werden – die »im Stein schlafenden Figuren«. Das wird durch feinstoffliche Wesen bewirkt, die sich dieser Aufgabe verschrieben haben.

Ich habe vor langer Zeit gelernt, dass das Schöpfungsmysterium, das dem gesamten Universum zugrundliegt, sich nicht in Worte fassen oder zu einem einzelnen Bild komprimieren lässt. Doch ein Weg, es zu erleben, besteht für mich darin, es als reine Potenz des Seins zu erfahren, das heißt als die Gegenwart eines bedingungslosen, universalen Potenzials, das danach drängt, manifestiert zu werden. Wie der »noch unbearbeitete Marmor«, der »die Form eines jeden Gedankens« annehmen kann, beinhaltet diese Potenz die Möglichkeit, das Potenzial, von allem – jedem Atom und Molekül, jedem Stern, Planeten, Grashalm, Berg, sämtlichen Wellen, Pflanzen, Tieren, Menschen, kurz: allem, was existiert, je existierte und je existieren wird. Was es auch ist, es möchte entdeckt werden. Es möchte aus seinem »Schlaf im Stein« erweckt und befreit werden.

Diese Potenziale zur Manifestation freizusetzen und zum Ausdruck zu bringen ist die Aufgabe einer jeden Lebensform. Tatsächlich ist Gott der Künstler, der danach strebt, seine unendlichen Potenziale zu entfalten, doch wir – jeder Bewusstseinsfunke und jede Lebensform der Schöpfung – sind die Mittel, deren Gott sich bedient. Wir sind die Verkörperung dieses *Willens, zu entdecken und zu werden*. Wir alle sind, jeder für sich, eine formative Kraft, angetrieben von diesem Potenzial in uns, Gottes verborgene Natur zu offenbaren.

Doch gibt es auch Wesen, deren Funktion darin besteht, direkt und bewusst mit dem »Willen zum Sein« des Heiligen zu arbeiten und diesen Potenzialen Ausdrucksmöglichkeiten zu schaffen. Ich sehe in ihnen die Kunsthandwerker und Architekten der Schöpfung. Sie erschaffen die »Blaupausen« und »archetypischen Modelle«, die dann später, in Materie gekleidet, in der physischen Welt Gestalt annehmen. So gibt es zum Beispiel eine archetypische »Blaupause« für »Bäume«, die allen Erscheinungsformen von Bäumen in unserer Welt zugrunde liegt.

Nach meiner Auffassung handelt es sich hierbei um *formgebende Kräfte*. Wer oder was sind diese Wesen?

Theoretisch kann jedes Wesen, jede Bewusstseins- und Lebensform, eine formgebende Kraft sein, so wie ja auch jeder Mensch potenziell ein Künstler oder eine Künstlerin sein kann. Doch in Wirklichkeit ist eben nicht jeder Mensch ein Künstler oder besitzt die erforderlichen Talente und Kenntnisse – oder den Wunsch –, um zum Beispiel Bildhauer oder Maler zu sein, erst recht nicht auf dem kreativen Niveau eines Michelangelo. In ähnlicher Weise sind nicht alle Wesen in der Lage, unmittelbar mit der Potenz im Herzen des Lebens in Kontakt zu treten und aus ihr zu schöpfen, um so neue Formen und Muster hervorzubringen, durch die das Heilige Potenzial »aus dem Stein befreit« wird.

Wenn ich von »formgebender Kraft« spreche, denke ich dabei für gewöhnlich an die gewaltigen planetaren Engel und Devas (ein Sanskritwort, das »die Leuchtenden« bedeutet). Sie sind die Musterschöpfer und lichtspendenden Intelligenzen, die hinter all den Manifestationen und Funktionen stehen, die wir kollektiv als »die Natur« betrachten. Sie sind, so könnte man sagen, die für Form und Struktur zuständigen Engel.

Diese formgebenden Kräfte kann man sich als »die Mächte der Imagination« vorstellen, oder, um den wunderbaren, von Disney geprägten Begriff zu benutzen, die »Imaginieure«. In diesem Sinne agieren sie wie jede schöpferische Intelligenz: Sie nutzen die Imagination, also die Vorstellungskraft, um ins Herz der Heiligen Macht einzutauchen und daraus etwas zu schöpfen, dem sie dann in der Welt Ausdruck verleihen. Diese Wesen, Devas und Engel, sind wie Bergleute, die Potenziale des Lebens gewinnen und deren Manifestation in der Welt ermöglichen.

Näher auf die Natur und Funktion dieser formgebenden Mächte einzugehen, würde den Rahmen dieses Buches sprengen. Ich erwähne sie, weil sie Teil des Ökosystems sind, zu dem auch die Wesen gehören, um die es in diesem Buch geht und die ich »Techno-Elementale« nenne.

Sich etwas vorzustellen ist eine Sache. Dieses Vorgestellte dann tatsächlich Gestalt annehmen zu lassen hat dann eine ganz andere Qualität. Hätten wir nur Architekten, würde nie ein Haus gebaut werden. Andere Spezialisten sind nötig, damit aus den in den Blaupausen festgehaltenen Ideen und Möglichkeiten ein reales Gebäude werden kann. Und außerdem brauchen wir das Rohmaterial: Holz, Stein, Putz und so weiter. Ohne sie kann kein Künstler oder Handwerker etwas hervorbringen. Ohne Baumstämme kann ich keine Blockhütte bauen.

Wir Menschen neigen dazu, geradlinig zu denken. Wir richten hierarchische Befehls- und Arbeitsstrukturen ein. Daher ist es für uns naheliegend, uns eine gerade Linie vorzustellen, in der die Schöpfungskraft vom Heiligen (dem inspirierenden Potenzial) über die Deva- und Engelmächte (die Architekten und »Imaginieure«), durch die verschiedenen Gruppen der Naturgeister (den Bauleuten und Handwerkern) zu den Rohmaterialien weitergegeben wird, für die dann die Elementargeister zuständig sind, die das Muster und Energiefeld aufrechterhalten, seine Substanz, Struktur und Form. Denken Sie daran, dass alles lebt. Daher sind die Steine und der Mörtel, mit denen ein Haus gebaut wird, ebenso ein Ausdruck des schöpferischen Lebens wie die Architekten, die sich in ihrer Imagination das Gebäude vorstellen und die Baupläne zeichnen.

Meine älteste Tochter Kaitlin arbeitet als leitende Trickfilmzeichnerin für einen Videospielhersteller. Sie ist dafür zuständig, die erzählerischen Ideen der Spieldesigner visuell umzusetzen. Dabei hat sie sich in letzter Zeit vor allem mit der so genannten Bewegungserfassung beschäftigt, englisch »motion capture« oder kurz »mo-cap«. Moderne Videospiele zu produzieren ist eine komplexe Angelegenheit. Schlüsselelemente der Geschichte werden den Spielern in »Cutscenes«, kleinen eingefügten Filmszenen, präsentiert. Um sie zu erschaffen, spielen Schauspieler diese Szenen und tragen dabei spezielle Anzüge, die jede Bewegung drahtlos auf einen Computer übertragen, wo dann ein dreidimensionales Bild erstellt wird. Diese dreidimensionalen Bewegungsabläufe werden im Computer digital bearbeitet und dabei mit der »Haut« des jeweiligen Videospiel-Charakters überzogen. Auf diese Weise werden die Schauspieler zum Beispiel in Elfen verwandelt, die gegen Orks kämpfen, oder in einen menschlichen Raumfahrer, der Aliens begegnet. Eine berühmte Anwendung dieser Methode fand bei der Verfilmung von *Der Herr der Ringe* statt: Der Schauspieler Andy Serkis wurde so für die Leinwand in die Figur Gollum verwandelt. Auch in *Star Wars: Das Erwachen der Macht* verkörperte Serkis eine auf diese Weise digital erschaffene Rolle: den Obersten Anführer Snoke.

Hier haben wir es also mit einem Vorgang zu tun, bei dem eine Idee, die zunächst ausschließlich in der Fantasie eines Autors und Spieldesigners existiert, durch Schauspieler in eine physische, dreidimensionale Aktion umgesetzt und dann mit dem Computer in digitale Filmbilder verwandelt wird, mit denen die Videospieler interagieren können. Dabei findet über drei verschiedene Ebenen hinweg eine Übertragung von Energie und Absicht statt, und zahlreiche Mitwirkende ermöglichen diese Transition: Designer, Autoren, Schauspieler, Regisseure, Programmierer, Trickfilmzeichner, um nur einige zu nennen. Wir haben es mit einem Ökosystem aus kreativer Manifestation und formgebender Energie zu tun, und dieses Zusammenwirken ermöglicht es, »das Bild aus dem Stein zu befreien«.

So verhält es sich auch im Kosmos des Göttlichen. Auch hier werden Ideen in verschiedene Ausdrucksformen und Manifestationen übersetzt.

Man erliegt leicht der Versuchung, dies als einen hierarchischen, nur in eine Richtung verlaufenden Prozess zu betrachten, von der Idee über die Ausführung zum Ausdruck, und in gewisser Hinsicht trifft das auch zu. Aber bei meinen zahlreichen Kontakten mit solchen Wesen habe ich die Erfahrung gemacht, dass diese Vorgänge damit nur unvollständig und verzerrt beschrieben sind. Wir müssen die Angelegenheit ganzheitlich und ökologisch betrachten und das Gesamtsystem im Blick behalten, dürfen nicht nur einzelne Teile sehen.

Daher ist es hilfreich, sich immer wieder bewusst zu machen, dass bei diesem »formgebenden Prozess« alle zusammenwirken – »Imaginieure«. »Bauarbeiter« und »Rohstoffe« sind Partner und Teile innerhalb des Gesamtsystems.

Wir betrachten sie nur getrennt, um einen besseren Überblick zu gewinnen. Natürlich ist es so, dass bestimmte Wesen sich auf bestimmte Fähigkeiten und Funktionen spezialisieren, aber sie alle wirken bei einem gemeinsamen Werk mit, dessen Zweck darin besteht, den Potenzialen Ausdruck zu verleihen, die in der Gegenwart des Heiligen »schlafen«.

Auf diese Weise systemisch zu denken ist gar nicht so schwer. Ich habe Architekten in meinem Freundeskreis und weiß, dass sie bei jedem Gebäudeentwurf die Natur der verwendeten Baumaterialien berücksichtigen müssen. Mit Stahl sind Dinge möglich, die bei Holz oder Ziegelsteinen nicht infrage kommen, und umgekehrt. Wenn sie das nicht berücksichtigen, besteht die Gefahr, dass ihr Projekt nicht solide in der Realität verankert ist und im schlimmsten Fall einstürzen könnte, weil Materialien falsch eingesetzt werden.

Andersherum funktioniert das natürlich auch. Die Stein, Lehm, Holz und anderen Baumaterialien innewohnenden Möglichkeiten bleiben unentdeckt, wenn Architekten und Bauherren keinen Gebrauch von der schöpferischen Energie der Imagination machen. Ohne den Bildhauer bleibt der Engel unsichtbar im Marmor eingeschlossen. Der Marmor kann dann sein Potenzial nicht entfalten.

Und da ist noch etwas, was wir im Hinblick auf die formgebenden Kräfte wissen müssen: In unserer Welt assoziieren wir Kreativität mit Imagination und Gedanken. Es handelt sich bei ihr also um eine geistige Übung, wenn auch angetrieben durch Leidenschaft und künstlerische Sensibilität.

In den feinstofflichen Welten, vor allem auf der Ebene der planetaren Devas und Engel, bringt das Leben selbst neues Leben hervor. Dabei handelt es sich nicht um Denken, wie wir es verstehen, obwohl zweifellos Intelligenz und Können involviert sind, sondern eher um Liebe und Freude als heilige, kreative Qualitäten. Sie sind die »Bergbau-Werkzeuge«. Unserer Vorstellung nach würde eine formgebende Präsenz, zum Beispiel ein Deva, durch Willenskraft eine neue Form hervorbringen, doch eigentlich rufen die Devas neue Formen ins Dasein, indem sie die fokussierte Kraft ihres eigenen Lebens, ihrer Freude und Liebe einsetzen. Gewiss ist eine Absicht vorhanden, aber Absicht und Wille agieren nicht für sich allein und herrschen nicht über die Substanzen der Schöpfung. Vielmehr ist es so, dass Devas und Engel aus der Potenzialität des Heiligen dort »schlafend« existierende Formen herbeirufen. Wie ich schon sagte: Das Leben ruft Leben ins Dasein, lädt es ein, Gestalt anzunehmen, entweder erstmalig oder anders als zuvor, um das unendliche Potenzial des Heiligen in immer neuer Weise zum Ausdruck zu bringen. Es ist ein gemeinschaftliches Wirken.

Auf die Arbeit meiner Tochter trifft das zweifellos zu. Die Schauspieler geben Kaitlin, die Regie führt, ihr Feedback, das dann zur Verbesserung des Skripts beiträgt. Immer wieder werden während der Spielentwicklung Testspieler ins Studio geholt, um herauszufinden, was gut funktioniert und was nicht. Es ist also kein eingleisiger Weg vom Produzenten zu den Kunden.

Und so wie menschliche Kreative, ob bildende Künstler oder Architekten, Lebendigkeit, Freude und einen Energieschub spüren, wenn sie etwas erschaffen und Gestalt annehmen sehen, ergeht es auch den formgebenden Kräften und Wesen in den feinstofflichen Welten. Auch sie erleben einen Energieschub und fühlen sich lebendiger und präsenter.

Bei meinen Interaktionen mit den feinstofflichen Welten wurde ich immer wieder dazu eingeladen, mich mit dem Leben und Bewusstsein devischer Wesen zu verschmelzen, die sich als formgebende Kräfte betätigen. Ich mache mir keine Illusionen dahingehend, dass ich dabei wirklich die Präsenz und Aktivität der Devas in ihrer Gänze erlebe, sondern immer nur so viel, wie ich gerade wahrnehmen, begreifen und assimilieren kann. Während solcher Kommunikationen habe ich stets das Gefühl, beschützt zu werden, so dass die Intensität des Geschehens mich nicht überwältigt und überfordert.

Aber ich habe dabei genug gesehen und erlebt, um zu wissen, dass solche Wesen vor Liebe und einer für uns fast unerträglich ekstatischen Lebensfreude förmlich überströmen, einer unendlichen Begeisterung darüber, neue Formen, Möglichkeiten und Ideen in die Welt zu bringen.

Ich stelle mir diese Wesen als die Geliebten Gottes vor. Sie sind mehr als nur Formgeber und Künstler.

Diese Wesen öffnen die Tore des Lebens, indem sie das Leben selbst lieben und die Heilige Gegenwart lieben, welche die Quelle allen Lebens ist. Sie sind die Geliebten der heiligen Schöpfungsmacht im Zentrum aller Dinge.

FELDNOTIZ 7

ELEMENTARGEISTER

In den esoterischen und alchimistischen Traditionen des Westens glaubt man, dass die Welt aus vier Grundelementen gebildet wird: Erde, Luft, Feuer und Wasser. Jedem dieser Elemente werden nicht nur physikalische, sondern auch spirituelle und esoterische Eigenschaften zugeschrieben. Die diese Eigenschaften verkörpernden Wesen nannte man »Elementale« oder »Elementargeister«. Es gab also Feuergeister, Wassergeister und so weiter.

Die Elementargeister betrachtete man als die lebendigen Bausteine, aus denen die Welt erschaffen wurde.

In der Moderne beschreiben wir die Bausteine des Universums auf andere Art. Wir sprechen von Atomen, subatomaren Teilchen und Quantenphänomenen. Schwerkraft, Elektromagnetismus und die starke und die schwache Kernkraft sind die vier Grundkräfte, die wir heute kennen. Die Elementargeister unserer Ahnen gelten als bloße Fantasiegebilde aus dem Reich der Mythen und des Aberglaubens.

Aber stimmt das auch?

Die Wissenschaft hat uns viele wertvolle Erkenntnisse über die Struktur des physikalischen Universums und seiner Gesetze beschert. Doch bislang vermochte sie nicht, uns in gleicher Weise auch zu Erkenntnissen über die nicht-physische oder feinstoffliche Seite der Welt und des Kosmos zu verhelfen. Selbst wenn Elementargeister in den Theorien der modernen Physik keine Rolle spielen, kommt ihnen dennoch für das Leben in den feinstofflichen Welten eine Schlüsselrolle zu. Sie existieren innerhalb der uns umgebenden feinstofflichen Umwelt und sind untrennbarer Bestandteil des schöpferischen Prozesses, durch den alle Dinge sich manifestieren. Es gibt unter ihnen ganz besonders mächtige und starke feinstoffliche Wesen.

In Feldnotiz 1 schilderte ich, wie ich mich auf die unterschiedlichen Lebensfrequenzen in meinem Sofa einstimme. Um die Natur der Elementargeister zu erforschen, der »Elementale«, werde ich eine ähnliche Methode anwenden. In diesem Fall beginne ich mit einem kleinen Stein, der auf meinem Schreibtisch liegt. An ihm ist nichts Besonderes – ein ganz normaler Stein, den ich spontan in meinem Garten gesehen und aufgehoben habe.

Doch gibt es zu diesem Stein eine Geschichte. Vor einigen Jahren besuchte ich Findhorn, eine internationale spirituelle Gemeinschaft in Schottland, zu deren Leitungsteam ich Anfang der 1970er Jahre gehört hatte. Vor meinem Besuch beschloss ich, einen Stein aus meinem Garten dorthin mitzunehmen, um so eine energetische Verbindung zu meinem Haus zu schaffen. Also schaute ich mich in meinem Garten nach einem Stein um, der sich leicht in der Hosentasche mitnehmen ließ, und fand mehrere geeignete Kandidaten.

Ich fragte jeden Stein, den ich aufhob, ob er gerne mit mir nach Findhorn reisen wollte. Das war energetisch wichtig, denn so erwies ich dem Leben in dem Stein meinen Respekt. Doch bei jedem Stein erhielt ich ein Nein zur Antwort. Sie alle wollten nicht, dass ihre Verbindung zu der lokalen feinstofflichen (und physikalischen) Umgebung unterbrochen wurde. Ich wollte schon aufgeben, als ich einen kleinen, rundlichen Stein bemerkte. Er lag neben dem Weg, der zu unserer Haustür führt. Irgendetwas an ihm erregte meine Aufmerksamkeit. Als ich ihn aufhob und ihm erklärte, was ich mit ihm vorhatte, antwortete er mit einem Energieausbruch, der sich für mich wie ein begeistertes Ja anfühlte.

Der Genauigkeit halber muss ich sagen, dass der Brennpunkt dieser »Kommunikation« oder des energetischen Impulses, der bei mir als »Ja« oder »Nein« ankam, der jeweilige Stein war – für mich mit dem Gefühl verbunden, in Kontakt mit einer individuellen Wesenheit oder Intelligenz zu treten. Doch hätte es sich dabei durchaus auch um die »Stimme« der örtlichen Umgebung handeln können, die mir ihren Widerstand oder ihre Bereitschaft übermittelte, innerhalb des gesamten Netzwerkes energetischer Beziehungen, die durch die Durchführung meines Vorhabens, also der Entnahme eines Steins, verändert wurden. Der Einfachheit halber schreibe ich über solche Erfahrungen, als würde ich dabei ein Gespräch mit einer Person führen, aber natürlich trifft das in solchen Fällen nicht wirklich zu. Es findet ein klarer, sinnhafter Energieaustausch statt, bei dem Informationen übermittelt werden, aber sehr oft ist nicht wirklich klar, was da eigentlich zu mir »spricht«, und es ist ganz sicher nicht sehr anthropomorph.

Was also auch immer die Quelle des »Ja« gewesen sein mag, von da an wurde der kleine Stein mir zum ständigen Begleiter. Als ich nicht länger umherreiste, bekam der Stein einen »Ruheplatz« auf meinem Schreibtisch, wo er sich offenbar wohl fühlt.

Als Folge unserer Beziehung umgibt diesen Stein ein Energiefeld, das sich in Resonanz zu mir befindet. Auf dieser Ebene wird die lebendige Energie des Steins von meiner eigenen Energie geprägt und gestaltet. Ich bin überzeugt, dass ein psychometrisch begabter Mensch, also jemand, der die Energiefelder materieller Gegenstände zu lesen vermag, in der Lage wäre, die Verbindung zwischen dem Stein und mir zu erspüren und so einige Informationen über mich zu gewinnen.

Hätte ich den Stein, nachdem er mich auf meinen Reisen begleitet hatte, wieder zurück in den Garten gelegt, wäre unsere Beziehung allmählich wieder zu dem Level zurückgekehrt, das zwischen uns bestanden hatte, als ich den Stein seinerzeit bemerkte und vom Boden aufhob. Damals war sein Energiefeld von den Energien des Bodens, der umgebenden Pflanzen, dem Wetter und den anderen materiellen und feinstofflichen Umweltbedingungen geprägt gewesen. Mit der Zeit wären die Spuren seiner Verbindung mit mir völlig verschwunden, was aber wohl davon abhängig gewesen wäre, wie stark und bewusst ich ihm meine Energie aufgeprägt hatte. Einer meiner Freunde hat als Psychometrie-Experte an archäologischen Expeditionen in Südamerika und dem Nahen Osten teilgenommen. Dabei las er Informationen, die energetisch auf Tonscherben und anderes Material aufgeprägt waren, das von Menschen hinterlassen wurde, die vor Jahrtausenden gelebt hatten. In den feinstofflichen Welten hat Zeit mitunter keine große Bedeutung.

Jenseits dieses Beziehungsfeldes gelange ich zu der eigentlichen Identität des Steins, seinem »Selbst«, seinem Stein-Sein. Auf dieser Ebene komme ich mit etwas in Kontakt, das ich als Elemental-Energie begreife. *Es handelt sich um die elementare Grundenergie dieses individuellen Steins, eine lebendige, intelligente Kraft, die seine Existenz als Stein aufrechterhält und seine Moleküle und Atome auf eine Weise formt, dass er genau dieser Stein ist und nichts anderes.*

Ich stelle mir diese Frequenz von Energie, Leben und Bewusstsein als den Geist meines Steines vor, seine einzigartige Identität. Doch es gibt noch eine tiefere Ebene. Auf ihr trete ich nicht nur mit einem einzelnen Stein in Kontakt, sondern mit dem Phänomen »Stein« an sich, der Intelligenz und dem Leben, das allen Steinen gemeinsam und überall präsent ist, wo es auf der Erde Steine und Mineralien gibt, vielleicht sogar im gesamten Universum.

Hier haben wir es meines Erachtens mit einem planetaren oder sogar kosmischen Elementargeist zu tun, einem der fundamentalen Mitschöpfer dieser Welt, der Ideen Gestalt annehmen lässt, welche schon am Anbeginn der Schöpfung geboren wurden.

Das Wunderbare und Paradoxe daran ist, dass es sich bei dem Elementargeist meines individuellen Steins und bei dem kosmischen Stein-Elementargeist im Wesentlichen um dieselbe Präsenz, dasselbe Leben handelt. Das Besondere ist eine Ausdrucksform des Universalen, und das Universale findet sich im Leben und den individuellen Formen des Besonderen.

Meine gute Freundin Dorothy Maclean, eine der drei Gründer der Findhorn-Gemeinschaft, wurde durch den Kontakt mit den Devas zur Anlage des weltberühmten Gartens von Findhorn inspiriert. Sie erzählte mir von einem Erlebnis, bei dem ein Kieselstein am Strand ihre Aufmerksamkeit erregte. Sie stimmte sich auf den Stein ein und erwartete, mit einer einfachen, ja primitiven Form von Leben und Bewusstsein in Kontakt zu treten. Was sollte man bei einem Kieselstein auch sonst erwarten?

Zu ihrem Erstaunen begegnete Dorothy einer gewaltigen kosmischen Intelligenz, deren Gegenwart sich offenbar unendlich ins Universum ausdehnt. Die ersten Worte, die diese Intelligenz an Dorothy richtete, lauteten folgendermaßen:

»Ja, ich, mit dem du Kontakt aufgenommen hast, bin mit viel mehr als eurem Planeten befasst. Die Natur ist voller Gegensätze, und wenn du meinst, mit einer niederen Lebensform Kontakt zu suchen, trittst du in Wirklichkeit mit einem universaleren Wesen in Verbindung. Der menschliche Geist ordnet ein und klassifiziert alles, was innerhalb seines Bereiches liegt, vergisst aber darüber die Einheit, dass Gott in allem ist und dass jene Grundsubstanz, die anscheinend kein empfindendes Bewusstsein besitzt, durch ihr Gegenteil, ein ausgedehntes Bewusstsein, in ihrem Seinszustand gehalten wird. Dieses Bewusstsein ist so umfassend, dass ihr es nur am Rande spürt, dabei aber wisst, wie weit es sich über eure gegenwärtige Vorstellungskraft hinaus ausdehnt.«

Sie nannte dieses Wesen den »Kosmischen Engel des Gesteins«. Wenn Sie sich dafür interessieren, können Sie ihren Bericht über dieses Erlebnis und die Botschaft dieses Wesens in voller Länge in ihrem Buch *Du kannst mit Engeln sprechen* nachlesen.*

Ich möchte Ihnen ein anderes Beispiel geben.

In meinem Garten steht ein Ahornbaum. Seit wir vor über dreißig Jahren in dieses Haus einzogen, ist der Baum ein fester Bestandteil unseres Familienlebens. Seine Blätter spendeten unserer Veranda in der heißen Sommersonne Schatten. Sein Stamm und seine Äste trugen ein Baumhaus, in dem über Jahre hinweg unsere Kinder spielten, und an einem großen Ast hing eine Schaukel.

Wenn ich mich auf diesen Ahornbaum einstimme, werde ich mir einer Intelligenz und geistigen Präsenz bewusst. Anders als bei

* Erschienen im Aquamarin Verlag, Grafing 2005, übersetzt von Dorothea und Dietrich S. Das Zitat findet sich dort auf Seite 115. – *Der Verlag*

meinem kleinen Stein handelt es sich um eine aktive, sich ihrer selbst bewusste und schöpferische Wesenheit, deren Bewusstsein sich jedoch deutlich von meinem menschlichen unterscheidet. Wenn ich mich darauf einstimme, spüre ich die Gegenwart eines Wesens, das eine Beziehung mit mir aufbauen kann, aber dessen Leben und Bewusstheit unabhängig ist und sich nicht von mir prägen und formen lässt. Ich habe es mit einer individuellen Wesenheit zu tun, die aktiv mit ihrer feinstofflichen und physischen Umwelt interagiert. Wie jede liebevolle Beziehung kann sie mich energetisch so sehr beeinflussen, wie ich sie beeinflusse.

Wenn ich meine Aufmerksamkeit auf eine »grundlegendere« oder »tiefere« Frequenz als diesen individuellen Geist einstimme, finde ich das, was ich »den Elementargeist des Ahornbaums« nenne. Auf dieser Ebene ist mein individueller Baum Teil eines größeren kollektiven Feldes, an dem sämtliche Ahornbäume überall auf der Welt teilhaben.

Man kann das mit dem menschlichen Genom vergleichen, das uns allen gemeinsam ist und doch in jedem Menschen auf einzigartige Weise zum Ausdruck kommt.

Wenn ich wiederum tiefer gehe, stoße ich auf eine Energie und Identität, die noch fundamentaler als die Art »Ahornbaum« ist. Es handelt sich um die Baum-Identität insgesamt, einen elementaren Archetypen, der allen Bäumen gemeinsam ist.

Aber auch dort endet es nicht, denn das »Baum-Sein« ist eine Manifestation der noch fundamentaleren Identität, eine Pflanze zu sein. Hier komme ich geistig mit dem Pflanzen-Elemental in Kontakt, also einem der grundlegenden spirituellen Mitschöpfer und Formgeber unserer Welt.

Womit genau nehme ich hier Verbindung auf? Ich bewege mich durch Identitätsschichten, die vom Individuellen zum Universalen reichen, von einem stärker fokussierten Zustand zu einem Zustand großer Weite und hoher Komplexität. Es ist ein einziges Gesamtwesen, das sich in zahllose spezifische, individuelle Manifestationen ausdifferenziert. Offenbar existieren gleichzeitig grundlegende »Substanz-Elementale« und individualisierte »Elementale von Manifestation und Form«.

In beiden Fällen gibt es ein hervorstechendes Merkmal, nämlich die hingebungsvolle Fokussierung auf die eigene Identität (eine der acht in Feldnotiz 5 beschriebenen Funktionen). Diese Identitäts-Funktion manifestiert sich in der Qualität, die ich »Aufrechterhalten« nenne, also das stabile Bewahren einer bestimmten Struktur.

Das ist meiner Erfahrung nach kennzeichnend für das Wesen und die Funktion der Elementargeister oder Elementale. Sie sind Aufrechterhalter. Sie bewahren die grundlegende Natur und Identität. Auf dieser Basis können dann vielfältige Variationen und Manifestationen erfolgen. Um eine musikalische Metapher zu benutzen: Wir können uns Elementargeister als die Wesen vorstellen, die den Grundrhythmus erzeugen, auf dessen Basis eine Melodie mit all ihren unterschiedlichen Arrangements entstehen kann.

Einer meiner feinstofflichen Kollegen sagte einmal zu mir: »Denke dir einen Elementargeist als den Finger, der den Knoten hält, so dass die Schleife einer spezifischen Schöpfung geformt und gebunden werden kann.«

FELDNOTIZ 8

NATURGEISTER

Ich wohne im Westen des Staates Washington, in einem Tal, das auf drei Seiten von den Ausläufern der Cascade Mountains umgeben ist.

Fast über die ganze Länge des Tals erstreckt sich der Lake Sammamish, dessen Ufer man von meinem Haus zu Fuß in etwa fünf Minuten erreicht. Wenn ich mich, während ich zu Hause meinen Beschäftigungen nachgehe, zwischendurch auf den See einstimme, spüre ich seine feinstoffliche Energie. Wenn ich sein Ufer aufsuche, kann ich mich auch auf die Elementargeister des Wassers einstimmen, die dort präsent sind. Ihr Fokus ist ganz auf das »Wasser-Sein« ausgerichtet. Wie bei meinem kleinen Stein stoße ich unterhalb dieser Elemental-Frequenz auf eine einzige Präsenz, den planetaren Elementargeist des Wassers.

Das ist allerdings nicht die einzige Präsenz im See, zu der ich Kontakt aufnehmen kann. Es gibt da noch ein weibliches, aber eindeutig nichtmenschliches Wesen. Sie besitzt eine sehr machtvolle Energie. Ihr Bewusstseinsfeld steht im feinstofflichen Austausch mit den benachbarten Hügeln und Bergen und ebenso mit jedem Menschen, der an ihrem See wohnt. Für mich ist sie die Hüterin des Sees.

Doch es handelt sich bei ihr nicht um einen Wasser-Elementargeist. Ich würde sie als »Naturgeist« bezeichnen, nicht als Elemental. Die »Tönung« und »Komposition« ihres Energiefeldes unterscheidet sich deutlich von den Elementargeistern.

Was die acht Funktionen angeht, haben wir gesehen, dass Elementale im Wesentlichen die Funktion der Identität aufrechterhalten. Naturgeister dagegen stellen Verbundenheit her und sorgen für den Energieaustausch zwischen individuellen Wesen und deren Umwelt. Sie ermöglichen Zirkulation und Absorption. Metaphorisch ausgedrückt, sind Elementargeister »fest« und Naturgeister »flüssig«, was eine starke, auf physikalischen Vorstellungen beruhende Vereinfachung darstellt. Sie ist aber vielleicht hilfreich, um den Unterschied zwischen Elementar- und Naturgeistern zu verstehen.

Dieser Unterschied liegt vor allem darin, welche der acht Funktionen des feinstofflichen Lebens stärker betont wird. Nach meiner Erfahrung befassen sich Naturgeister vor allem mit der Zirkulation und dem Austausch feinstofflicher Energien zwischen den Organismen und der feinstofflichen Umwelt, in der diese Organismen existieren. Und die Naturgeister tun ihr Bestes, Gesundheit und Evolution der Organismen zu fördern, denen sie Licht senden. Wenn die Elementargeister dem Willen zu sein dienen, dienen die Naturgeister dem Streben nach Entfaltung und Entwicklung.

Ist ein Elementargeist mächtiger als ein Naturgeist, oder umgekehrt? Nein. Auf diese Art lassen sie sich nicht vergleichen. Die formgebenden Mächte ersinnen die Gestalt der Schleife, die Naturgeister liefern die Bänder, falten und formen sie, und die Elementale halten den Knoten, der verhindert, dass die Schleife sich wieder auflöst. Alle diese Wesen sind notwendig, damit eine Schleife gebildet werden kann. Keines ist mächtiger oder wichtiger als die anderen. Jedes hat seine ihm eigene Rolle.

Denken Sie einen Moment über das Schreiben nach. Ich habe Gedanken, die ich als Worte zu Papier bringen möchte. Das Alphabet liefert die Grundformen, die ich dafür benötige. Die Buchstaben sind die elementaren Bausteine, aus denen Wörter gebildet werden. Die Sprache bestimmt, nach welchen Regeln und Strukturen – Grammatik und Syntax – Worte aneinandergereiht werden. Sie ermöglicht es also, Beziehungen zwischen den Wörtern herzustellen, die Sinn und Bedeutung erzeugen. Diese Funktion lässt sich mit den Naturgeistern vergleichen. Die Imagination und das Denken, von denen die Gedanken erschaffen werden, denen Buchstaben, Wörter und Satzgebilde dann inhaltlich Ausdruck verleihen und sie aus den Potenzialen meines Geistes freisetzen, sind die formgebenden Mächte. Das System, das sie alle zusammen bilden, ist die Formgebende Macht, die den Inhalt auf dieser Seite hervorbringt. Alle Elemente sind gleich wichtig, um meine Gedanken an Sie zu übermitteln.

Bezeichnungen wie »Naturgeist« oder »Elemental« werden wie viele Worte, die sich auf feinstoffliche Phänomene beziehen, in unserer Kultur mitunter verschwommen und ungenau verwendet (wenn sie überhaupt verwendet werden!). Als Kultur verfügen wir nicht über die Vertrautheit und Erfahrung im Umgang mit Konzepten, die viele von uns lediglich als Fantasieprodukte oder Aberglauben betrachten. Und selbst Menschen, die sie für real halten, neigen oft dazu, sie beiseite zu schieben und sich auf das »wirkliche Leben« zu konzentrieren.

Selbst wenn wir diesen Phänomenen die Aufmerksamkeit schenken, die sie verdienen, ist es nicht immer leicht, die energetischen Grenzen und Unterschiede zwischen den verschiedenen Spezies oder Gruppen von feinstofflichen Organismen zu erkennen, was einfach an deren Plastizität und fließender Natur liegt. Seit über siebzig Jahren bin ich mir der Existenz feinstofflicher Wesen bewusst, aber bisweilen finde ich es immer noch schwierig, genau zu erkennen, mit was für einem Wesen ich es gerade zu tun habe. Oft spielt das auch gar keine große Rolle.

Hier ein Beispiel, um das zu veranschaulichen:

Ich war in die Küche gegangen, um ein Glas Wasser zu trinken. Ich füllte es mit Wasser aus dem Kran, und als ich es zum Mund führte, tauchte in dem mit Wasser gefüllten Glas plötzlich ein kleines Wesen auf, das sich mir als ein Wassergeist vorstellte. Es sagte schnell und nachdrücklich: »Sende bitte, wenn du Wasser benutzt, liebevolle, heilende und inspirierende Energie zu allem Wasser überall und zum Königreich der Wassergeister. Viele von uns leiden unter der von euch Menschen verursachten, immer schlimmer werdenden Wasserverschmutzung. Wir benötigen energetische Unterstützung und Segen, denn das stärkt uns, so dass wir unsere Aufgabe besser erfüllen können.«

Das war ein zu Herzen gehender Appell, und vor meinem geistigen Auge erschien ein Bild der Wassergeister in Flüssen und Meeren, die versuchten, mit den von uns Menschen ausgehenden Beeinträchtigungen ihrer Umwelt zurechtzukommen. Ich konnte die Sorge dieses kleinen Wesens deutlich spüren. Es befürchtete, dass eine Zeit kommen würde, in der sauberes, trinkbares Wasser eine Seltenheit sein würde, zum Leid und Schaden aller Lebewesen.

Als ich mich auf dieses Wesen einstimmte, spürte ich, dass die vielen Giftstoffe, mit denen die Menschen das Reich der Wassergeister belasten, die Kraft dieser Wesen schwächen – sie werden nicht selbst dadurch vergiftet, aber ihre Verbindung zum Wasser wird schwächer. Sie werden sozusagen von den Giften weggestoßen, so dass sie keinen vollen Kontakt mehr zu dem Wasser herstellen können, das sich in ihrer Obhut befindet.

Mit seiner Bitte machte dieses Wesen mich darauf aufmerksam, dass wir die Wassergeister energetisch stärken, indem wir dem Wasser Liebe, Licht und Dankbarkeit schicken. So helfen wir ihnen, ätherisch und energetisch für sauberes Wasser voller Lebenskraft zu sorgen.

Nie zuvor hatte ich etwas Derartiges erlebt. Handelte es sich um einen Wasser-Naturgeist oder um einen Wasser-Elementargeist? Offen gesagt, weiß ich es nicht, vermute aber Ersteres. Das Wesen identifizierte sich eindeutig mit dem Element Wasser, aber seine Absicht bestand darin, diesem Element überall zu dienen, wo es anzutreffen ist, was auf Bewusstsein und Energie eines wasserorientierten Naturgeistes schließen lässt. Wichtig ist hier aber, dass es letztlich keine Rolle spielte. Die Botschaft war wichtig, nicht der Bote. Der Appell dieses Wesens, um was für eine Art von Wassergeist es sich auch gehandelt haben mag, ging mir so zu Herzen, dass ich seitdem jedes Mal, wenn ich Wasser trinke, dusche oder bade, daran denke, dem Wasser überall auf der Welt Licht und Segen zu senden.

Die Unterscheidung, ob wir es mit einem Elementargeist oder einem Naturgeist zu tun haben, wird noch schwieriger, wenn wir das Reich der Natur verlassen und uns mit vom Menschen künstlich geschaffenen Objekten und mit unserer künstlich veränderten und bebauten Umwelt beschäftigen. Hier begegnen wir jenen Wesen, die ich als »Techno-Elementale« bezeichne, und damit dem Thema dieses Buches. Um sie verstehen zu können, müssen wir uns zunächst die energetische Anatomie unserer menschengemachten Artefakte anschauen, denn diese bilden die spezielle Umgebung, in der diese Wesen leben und aktiv sind.

FELDNOTIZ 9

DIE ANATOMIE EINES ARTEFAKTS

Wenn ich in einen beliebigen Spiegel schaue, sehe ich »mich«, David Spangler. Aber wenn wir Psychologie und die Idee multipler Persönlichkeiten einmal außer Acht lassen, wie viele »Ichs« könnte ich da eigentlich sehen?

Ich könnte das »Menschliches-Genom-Ich« sehen, meine hominiden Körperformen und Gesichtszüge, die sich über Jahrmillionen entwickelt haben. Dieses »Ich« teile ich mit jedem anderen Menschen auf der Erde. Wir alle weisen die gleiche genetische Grundausstattung auf.

Dann könnte ich das »persönliche genetische Ich« sehen. Das ist der spezielle Körper, den ich von meinen Eltern geerbt habe, die einzigartige Weise, in der das menschliche Genom in meinem persönlichen Fall konfiguriert ist und mich erschafft. Das ist meine »DNA-Identität«. Sie unterscheidet mich von jedem anderen Menschen auf der Welt.

Drittens gibt es das »Persönlichkeits-Ich« oder »Alltags-Ich«. Das ist der Mensch, der ich zu sein glaube – meine Persönlichkeit, wie ich sie anderen präsentiere –, beruhend auf jahrelanger Erfahrung, meinen Absichten, Entscheidungen, Wünschen,

Träumen und so weiter. Dieses »Ich« ist in der Regel gemeint, wenn die Leute über »David Spangler« sprechen.

Ich könnte jetzt noch über »feinstoffliche Ichs« und »spirituelle Ichs« schreiben, aber das würde zu weit führen. Doch es gibt noch ein »Ich«, nämlich mein Ich als Umwelt.

Mein Körper ist eine ökologische Nische, in der Billionen von Mikroorganismen, die nicht ich sind, leben und sich weiterentwickeln. Diese Organismen wissen nichts über mich als Person, über meine Identität, meine Pläne, meine Hoffnungen, meine Träume oder meine Ängste. Sie teilen mit mir weder DNA noch menschliches Genom. Ich bin für sie einfach Lebensraum und Nahrungsquelle. Manche dieser Organismen sind für mich nützlich, sogar gesundheitlich notwendig. Andere sind opportunistisch. Sie dringen in meinen Körper ein, vermehren sich dort und verursachen Schmerzen und Krankheit. Manche sind einfach neutral, weder schaden noch nützen sie mir, aber mein Körper ist ihr Zuhause.

Ob ich mich beim Blick in den Spiegel nun als Körper sehe oder als eine Umwelt, die von Myriaden unterschiedlicher Organismen besiedelt ist, hängt allein von meiner Perspektive ab, also von der Art, wie ich hinschaue. Das eine ist die Makro-Ansicht – der Körper als Ganzes – und das andere die mikroskopische Sicht – der Körper als lebendige Petrischale.

Je nachdem, welche Absicht ich gerade verfolge, kann ich meine Aufmerksamkeit auf eines dieser vier Ichs richten, von denen jedes seine Rolle zu spielen hat. Möchte ich die Evolution unserer Spezies verstehen und mehr darüber herausfinden, was uns als Menschheit zu dem macht, was wir sind, werde ich das menschliche Genom betrachten. Möchte ich die besonderen Tendenzen meines persönlichen Lebens verstehen, meine Potenziale, aber auch meine möglichen Schwächen, werde ich mir meine persönliche DNA anschauen. Möchte ich durch mein Denken und Fühlen, meine Absicht und Imagination mein Leben gestalten, werde ich mit meiner Psyche und Persönlichkeit arbeiten. Und wenn ich Infektionen beseitigen oder meine Verdauung stärken will, werde ich nach Wegen suchen, die innere biochemische Umwelt meines Körpers entweder unwirtlich oder angenehm für die jeweiligen Bakterien zu machen.

Mit unseren Artefakten verhält es sich ähnlich. Wenn ich meine Kaffeetasse betrachte, kann ich sie einfach als Tasse sehen, ideal geeignet für meine Morgendosis Koffein. Oder ich kann sie als Gebilde aus sich überlappenden Frequenzen und Energiefeldern betrachten, von denen jedes eine potenzielle Umwelt oder ein Anknüpfungspunkt für ein feinstoffliches Wesen ist. Aus der einen Perspektive ist die Tasse ein Ding. Aus der anderen, energetischen, ist sie, wie mein Körper, ein Miniaturuniversum.

Das möchte ich Ihnen nun anhand einiger Gegenstände auf meinem Schreibtisch verdeutlichen. Der erste ist ein rötlichbrauner Kelch, fünfzehn Zentimeter hoch, handgeschnitzt aus dem Holz eines Apfelbaums. Die Schale und ihr Rand sind nicht kreisrund, sondern auf interessante Weise unregelmäßig oval. Wenn ich den Kelch betrachte, erinnert er mich an die unregelmäßig geformten Canyons im amerikanischen Südwesten, wo ich meine Teenagerzeit verbrachte.

Sobald ich mich liebevoll wertschätzend auf diesen wundervollen Kelch einstimme, werde ich mir eines Freqenzspektrums bewusst. Ich kann mich auf diese Frequenzen fokussieren wie auf die verschiedenen Ichs im Spiegel.

Äquivalent zum menschlichen Genom ist eine lange, tiefe Welle aus Energie und Leben, die meine Aufmerksamkeit auf physische Grundelemente lenkt, zum Beispiel »Holz«, »Baum«, »Pflanze«. Diese Elementarpräsenzen kommen mir vor wie die

Abb. 2. Mein mit Lebensenergie aufgeladener Gralskelch

Berge, die ich von meinem Haus am Horizont aus sehen kann: weit weg und gewaltig. So, wie ich mich ins Auto setzen und zu den Bergen fahren kann, kann ich auch Energie aufwenden, um Verbindung zu diesen Elementarkräften aufzunehmen, falls das notwendig sein sollte. Doch diese Wesen sind zeitlos, gewaltig und weit jenseits der Reichweite des normalen menschlichen Bewusstseins. Ich könnte ebenso gut ein Gespräch mit einem der hohen Berge führen. Gleichwohl vermittelt ihre Präsenz mir ein tiefes Gefühl der Stabilität und hilft mir, mich auf Gaia einzustimmen, den lebendigen Planeten als Ganzes.

Universale Prinzipien und Präsenzen werden in der Welt zu spezifischen Manifestationen. »Pflanze« differenziert sich in Millionen Pflanzenspezies aus. »Baum« manifestiert sich als die vielen Baumarten auf unserem Planeten.

So gibt es allein über 7.500 Apfelbaumsorten. Doch mein Kelch wurde aus dem Holz eines bestimmten Baums geschnitzt, und er ist eine ganz spezielle Ausdrucksform von Apfelholz, so dass er ein einzigartiges Energiefeld besitzt.

Wie die »habitable Zone« meines Sofas, die ich in Feldnotiz 1 beschrieben habe, ist dieses Feld empfindungsfähig und lebendig. Es bildet sich aus der Energie des Apfelholzes, doch geformt wird es durch menschliche Energien in Gestalt von Gedanken, Fantasien, Liebe und Hingabe, die beim Schnitzen des Kelchs in ihn hineinfloss, und aus der Körperenergie des Schnitzers. Es handelt sich nicht länger um »reine« Apfelholzenergie, sondern um eine Hybridform, entstanden durch menschliche Interaktion und Absicht. Das Holz des Apfelbaums ist immer noch da, und es wäre möglich, es zu nutzen, um mit einem Apfelholz-Naturgeist Kontakt aufzunehmen. Doch in seinem normalen »ruhenden« Zustand, ohne eine solche bewusste Kontaktaufnahme, ist das Energiefeld des Kelchs eine Manifestation menschlicher Imagination und Absicht, vermischt mit den Eigenschaften einer natürlichen Substanz.

Im Fall dieses Kelchs ist dieses Feld besonders aktiv, gerade weil dieser Gegenstand in Handarbeit hergestellt wurde. Ein Mensch hat viel Liebe, handwerkliches Können und schöpferische Fantasie in das Schnitzen des Kelchs investiert. So hat er diesen Gegenstand mit Lebensenergie aufgeladen. Der Kelch ist nicht einfach nur Produkt menschlicher Kreativität, sondern entstammt einer aktiven, bewussten Zusammenarbeit mit dem Geist und der Substanz des Apfelholzes. So entsteht um den Kelch ein aktiveres Feld feinstofflichen Lebens, als man es zum Beispiel bei einem massenproduzierten Wasserglas antrifft, oder bei meinem Sofa, das in einer Möbelfabrik hergestellt wurde, nicht als kunsthandwerkliches Einzelstück in der Werkstatt eines Möbelschreiners.

Die habitable Lebenszone um diesen Kelch – dieser lebendige »Kelch-Geist« – erhält und bewahrt als Artefakt seine energetische Kohärenz und Identität. Man kann ihn in etwa mit meiner einzigartigen DNA vergleichen. Was unsere menschengemachten Artefakte betrifft, müssen wir uns darüber im Klaren sein, dass ihre »persönliche« Energie, wie die DNA meines Körpers, aus zwei Quellen stammt. Sie hat gewissermaßen zwei »Eltern«. Die eine Quelle ist das aus der Natur stammende Element (im Fall meines Kelchs also Holz, und zwar spezifisch Apfelholz). Die andere Quelle ist die menschliche Absicht und Energie. Ein Apfelbaum wird aus eigenem Antrieb niemals einen Kelch hervorbringen. Er hat weder die Absicht noch die entsprechenden Fähigkeiten. Äpfel bringt er hervor, ja, aber keine Kelche. Es brauchte einen Menschen, um aus Apfelholz den Kelch als schöpferische Ausdrucksform entstehen zu lassen. Die Vermischung dieser beiden unterschiedlichen Energiequellen verleiht diesem Artefakt ein einzigartiges hybrides Energiefeld. Es ist das Resultat menschlicher Imagination, Gedanken, Gefühle und Willenskraft in Interaktion mit der Natur. Es ist eine Mitschöpfung. Als solche schafft die Herstellung des Artefakts eine neue feinstoffliche Umgebung, die es in der Natur vorher nicht gab. Sie kann feinstoffliche Organismen anlocken, die von ihr profitieren oder lernen wollen.

Alle feinstofflichen Felder, ob sie eine Person oder ein Artefakt umgeben, besitzen zwei Grundfunktionen. Die erste Funktion besteht darin, die energetische Struktur von Zweck und Absicht oder Identität aufrechtzuerhalten. Zum Beispiel erhält mein feinstoffliches Energiefeld meine Identität als ein lebendiges Energiemuster aufrecht, das in der physischen Welt inkarniert ist. Die zweite Funktion ist es, Verbundenheit mit dem unermesslichen Reich der feinstofflichen Kräfte und Energien herzustellen, von denen viele die Person oder das Artefakt mit Nahrung und Segen versorgen.

Diese zwei Grundfunktionen manifestieren sich auf sehr einfache Art, ohne viel Komplexität. Wenn Empfindungsfähigkeit jene Eigenschaft ist, die es ermöglicht, Beziehungen einzugehen und dadurch Verbundenheit und Ganzheit zu fördern, dann ist die Empfindungsfähigkeit eines solchen Gegenstandes zunächst gering. Doch je mehr Absicht und Lebensenergie in ein Artefakt fließen, entweder bei seiner Herstellung oder während des Gebrauchs, desto aktiver und empfindungsfähiger wird dieses Feld und desto mehr energetischen Einfluss übt es aus.

Dieser Einfluss ist durch seine Hybridnatur charakterisiert, und unterscheidet sich, meiner Erfahrung nach, deutlich von der Energie, die ein natürliches Objekt ausstrahlt. Daher strahlt mein Kelch, obwohl aus Holz hergestellt, eine andere Energie – eine andere »Aura« – aus als mein Ahornbaum.

Dieser Unterschied macht es möglich, dass sich Techno-Elementale manifestieren.

Wenn dieses Hybridfeld genügend stimuliert und angehoben wird, in der Regel durch die Anwesenheit feinstofflicher menschlicher Energien und Gedanken, die auf das Artefakt gerichtet werden, kann es aktiver, empfindungs- und reaktionsfähiger werden. Metaphorisch gesprochen entwickelt das Artefakt eine »Persönlichkeit«, ein deutlich unterscheidbares individuelles Feld, das sich durch die Interaktion mit Menschen verändern und entwickeln kann. Abhängig von seiner Natur, seiner Komplexität und seinen Fähigkeiten kann es eine spezifische Form annehmen, losgelöst vom eigentlichen Artefakt.

Die Wahrscheinlichkeit dafür steigt, wenn ein Artefakt mit einem größeren Energiefeld verbunden ist. Mein Kelch zum Beispiel ist mit dem Archetyp des Grals verbunden, einer mächtigen Energiequelle. Der Kelch ist ein Trinkgefäß, aber in der westlichen Mythologie und Tradition ist er außerdem ein Symbol für den Heiligen Gral, das Gefäß, in dem das Blut Christi aufgefangen wurde. Das macht ihn zu einem Behältnis für die Gegenwart des Heiligen. Der Gral gilt als Symbol für göttlichen Segen, Wiederherstellung und Heilung.

Mein hölzerner Kelch ist kein Trinkgefäß. Er ist als Altargegenstand gedacht, der als Symbol für Licht und Heiligkeit dient. Sein Zweck besteht darin, Verbundenheit zwischen einem Menschen und den tiefen, heilenden, inspirierenden Mysterien des Lebens herzustellen.

Er befindet sich in Resonanz zum Archetyp des Heiligen Grals und allem, wofür dieser steht. Ich weiß, dass die Person, die den Kelch für mich anfertigte, all das im Sinn hatte. Es war Teil der künstlerischen Absicht, so dass diese Resonanz dem Kelch von Anfang an innewohnte.

Ich nutze den Kelch entsprechend als meinen Verbindungsanker zum Heiligen Gral und zu allem, was der Gral symbolisiert. Für mich ist der Gral ein Symbol für die Inkarnation, Ihre und meine, und für die Macht eines Menschen, Heiligkeit zu verkörpern und so in dieser Welt zu einer Quelle für Segen und Heilung zu werden. In der Inkarnations-Spiritualität, die ich lehre, ist jeder Mensch ein Gral.

Aus diesem Grund steht dieser Kelch durch die Absichten seines Schöpfers und seines Benutzers in Resonanz zu größeren, mächtigeren Energiefeldern. Wenn ich mich also auf sein einzigartiges Lebensfeld einstimme, begrüßt mich manchmal ein kleines Wesen, das für mich wie eine lebendige Flamme aussieht. Seine Funktion besteht offenbar darin, die »Essenz«, den »Archetyp« des »Kelch-Seins« aufrechtzuerhalten. Dadurch spüre ich in meinem Kelch das Potenzial aller Kelche, Gefäße für das Heilige zu sein. Diese Präsenz entsteht aus der Verbundenheit dieses Artefakts mit dem »Gral-Feld«.

Die Fähigkeit, durch das Manifestieren formgebender Kräfte Objekte zu erschaffen, die unmittelbar in Verbindung zu archetypischen und heiligen, segensreichen Energiequellen stehen, ist uns Menschen angeboren.

Das geht über eine künstlerische Fähigkeit weit hinaus. Vielmehr handelt es sich um eine transpersonale Kraft, durch die spirituelle Realitäten und Qualitäten in der physischen Welt zum Ausdruck gebracht werden können. Es wird eine formgebende Energie freigesetzt, die den Schnitzer transzendiert – und mich, der ich mit dem Kelch interagiere.

Das Techno-Elemental meines Kelchs ist der Hybrid-Geist seines energetischen Lebens und in der Lage, die heiligen, formgebenden Kräfte, mit denen er in Resonanz steht, zu einem lebendigen Teil dieses Artefakts zu machen. Er kann, mit anderen

Abb. 3. Die Actionfigur Yoda aus »Star Wars«

Worten, Aspekte der Seele der Menschheit berühren und ihnen Ausdruck verleihen. Das ist eine Fähigkeit, über die nur manche Artefakte verfügen.

Das macht den Kelch zu einem Talisman, also einem Artefakt, dem die Fähigkeit aufgeprägt ist, über seine Form und Funktion, seine »persönliche« Ebene, hinaus in Verbindung mit etwas Transzendentem zu treten, mit einer Präsenz oder einem Energiefokus, der auf einer archetypischen oder spirituellen Existenzebene existiert.

Um es zusammenzufassen: Wenn ich mich auf meinen Kelch einstimme, spüre ich eine Resonanz zu einem Substanz-Element und einem Feld von Identität und Absicht, das unverwechselbar zu ihm gehört und Grundlage seines Ausdrucks als Techno-Elemental ist. Der Kelch manifestiert außerdem eine komplexere, empfindungsfähige Energiestruktur, die mit transpersonalen Feldern von Geist und Präsenz verbunden ist.

Nun möchte ich die »feinstoffliche Anatomie« eines anderen Objekts untersuchen, das Ihnen vermutlich bekannt sein dürfte. Es handelt sich um eine Plastikfigur, und zwar den Jedi-Meister Yoda aus George Lucas' *Star-Wars*-Filmen. Diese Kultfigur steht auf meinem Schreibtisch und schaut mir bei der Arbeit zu.

Wenn ich diese Figur hellseherisch erkunde, stoße ich auf Energiefrequenzen, die ähnlich geschichtet sind wie bei meinem Kelch, doch die Ausdrucksform unterscheidet sich stark von ihm. Da sind die stofflichen Elemente, in diesem Fall ein Gemisch organischer Materialien. So weit ich sagen kann, gibt es keinen Deva oder Elementargeist für Plastik, denn es ist ein künstliches Material aus technologischer Herstellung.

Auch hier gibt es eine »habitable Zone« lebendiger, empfindungsfähiger Energie – das Feld von Zweck und Identität –, aber auch hier gilt, dass dieses Feld nach meinem Eindruck nicht ausdifferenziert ist. Anders als beim Geist meines Kelchs gibt es keinen »Geist der Yoda-Figur«. Das lebendige Feld des Kelchs weiß, dass es ein Kelch ist. Das Plastik, aus dem Yoda besteht, weiß, dass es Plastik ist, aber es weiß nicht, dass es eine Yoda-Figur ist oder überhaupt eine Figur.

Zum großen Teil liegt das daran, dass es sich nicht um eine handgearbeitete Figur handelt, sondern um eine, die vermutlich zu Tausenden von programmierten Maschinen in einer Fabrik produziert wurde (schließlich gibt es viele Yoda-Fans!).

Trotzdem gibt es auch hier eine Energie menschlicher Absicht und Kreativität, also ein hybrides Energiefeld. Schließlich hat ein Mensch sich die Gestalt des Meister Yoda ausgedacht und die erste Figur geschaffen – die Puppe, die in den Filmen verwendet wurde. Später hat ein Kunsthandwerker die Gussform für die Plastikfigur geschaffen, vielleicht als Computerdatei. Das Plastik, ein Produkt aus Millionen Jahre alten abgestorbenen Pflanzen- und Tierresten, hat sich nicht spontan selbst so organisiert, dass es wie Yoda aussieht. Niemand bohrt nach Öl und stößt dabei auf kleine Yoda-Figuren, die zusammen mit dem Rohöl aus der Erde kommen, aus dem Plastik synthetisiert wird. Bei der Erschaffung meines kleinen Yoda waren also menschliche Imagination und Kreativität am Werk. Doch anders als bei meinem Kelch, wo die menschliche Präsenz in direktem Kontakt mit dem Apfelholz wirkte, bestand bei der Figur wegen des automatisierten Herstellungsprozesses eine Distanz in Raum und Zeit. Die *Idee* des Meister Yoda existiert im Bewusstsein der Menschen, aber das Plastik, aus dem die Figur besteht, wurde nur von Maschinen berührt und geformt.

Ich kaufte Yoda in einem Laden. Als ich die Figur zu mir nach Hause brachte, handelte es sich energetisch um ein neutrales Artefakt, lebendig einzig und allein in dem Sinne, wie alle Dinge lebendig sind, aber nicht besonders individualisiert. Außen sah man die einzigartige Gestalt Yodas, aber das Energiefeld hätte auch einfach zu einem Block Plastik oder einem Stein gehören können.

Doch für mich ist Yoda wirklich eine Kultfigur. Er repräsentiert den Archetyp des mächtigen alten Weisen, der in Kontakt zu den Mysterien und Mächten des Universums steht. Er ist Schamane, Medizinmann, Lehrer, Mentor. Er ist ein Meister jener Macht, die alles Leben verbindet und den Kosmos zusammenhält. Für mich, wie für viele Menschen, ist er eine Figur, die spirituelle Kraft ausstrahlt und die Fantasie anregt. (Vor Jahren begegnete ich dem obersten Lehrer oder *Roshi* eines Zenklosters. Er trug ein T-Shirt, auf dem Yoda abgebildet war. Das war nicht die Art Kleidung, die ich bei ihm erwartet hatte. Er bemerkte mein Erstaunen, grinste und klopfte sich auf die Brust. »Mein Lehrer«, sagte er, was ihn mir auf Anhieb sympathisch machte. »Meiner auch«, erwiderte ich!)

Mir *bedeutet* Yoda etwas. Er ist eine Ikone und ein Tor zu etwas unvorstellbar Großem. Diese Bedeutung habe ich auf die kleine Figur projiziert und meinen Plastik-Yoda mit Liebe und Wertschätzung aufgeladen. Deshalb ist das lebendige Feld dieses Artefakts nicht länger neutral. Es steht in Resonanz zu dem Archetyp der Weisheit und Verbundenheit, den Yoda für mich verkörpert. Auch steht es in Resonanz zu dem Imaginationsfeld, das Yoda im Bewusstsein und Herzen der Fans von *Star Wars* oder *Krieg der Sterne* einnimmt, denn ich bin an dieser kollektiven Imagination beteiligt.

Sehe ich ein kleines, feinstoffliches »Yoda-Wesen«, wie ich in der Nähe meines Kelchs ein »Gral-Wesen« sehe? Nein. Die Idee des Yoda ist zwar populär, aber doch nicht so tief im menschlichen Bewusstsein verwurzelt wie der Kelch oder Gral, ein archetypisches Gefäß, das seit Jahrtausenden Teil der menschlichen Zivilisation ist und in vielen Kulturen rituell verwendet wurde und wird. Das lebendige Feld meines Yoda wird durch das geformt, was Yoda mir persönlich bedeutet und was ich auf ihn projiziere, also dadurch, wie die Idee von Yoda in mir lebt, und nicht dadurch, wie sie möglicherweise unabhängig von mir in dieser Plastikfigur lebt.

Hätte ein menschlicher Künstler eine Yoda-Figur liebevoll in Handarbeit geschaffen, mit schöpferischer Energie und viel Resonanz zum archetypischen Alten Weisen, wäre es etwas anderes. Dann würde das lebendige Feld eines solchen Yoda wahrscheinlich einen »Yoda-Geist« manifestieren. Aber eine solche hingebungsvolle Absicht war bei der Massenproduktion in der Fabrik offensichtlich nicht vorhanden.

Dennoch befindet sich das in der Figur präsente Feld von Identität und Absicht in Resonanz zu einer Energie menschlicher Absicht, und als solches kann es feinstoffliche Wesen anziehen, die diese Umgebung nährend finden und sie vielleicht als vorübergehende Verbindung zu meiner menschlichen Welt nutzen. Würde mir ein Yoda-förmiges feinstoffliches Wesen erscheinen, wäre es höchstwahrscheinlich nicht von der Plastikfigur selbst erschaffen worden, sondern es würde sich um einen »Reiter« handeln, vergleichbar mit den Mikroben, die im Mikrobiom meines Verdauungstraktes leben.

Ich habe die Yoda-Figur nicht »talismanisiert«, sie ist also nicht mit transpersonalen, transzendenten oder spirituellen Energien verknüpft. Wenn ich Yoda auf meinem Schreibtisch stehen sehe, fühle ich selbst mich sofort mit diesen Energien verbunden, aber das ist etwas anderes – ein Vorgang, bei dem ein imaginatives Bild als inspirierender Katalysator für den Kontakt mit höheren Energien dient. Meine Figur kann von mir als visuelle Unterstützung für ein solches inneres Bild genutzt werden, aber anders als mein Kelch ist es selbst kein Leiter für diese Energien.

Diese zwei Beispiele veranschaulichen, welche sehr unterschiedlichen Energiefelder um unsere Artefakte existieren können. Im einen Fall haben wir es mit einem handgearbeiteten hölzernen Kelch zu tun, im anderen mit einer Plastikfigur aus industrieller Massenproduktion. Dennoch haben beide Artefakte drei Dinge gemeinsam. Erstens sind beide, wie ich in Feldnotiz 1 erläuterte, Erweiterungen des Energiefeldes des menschlichen Bewusstseins und Denkens. Beide ermöglichen den Zugang zum Reich der menschlichen Imagination. Das eine Artefakt befindet sich in Resonanz zu allen mit Gefäßen, Kelchen und dem Gral sowie deren mythischen und spirituellen Bedeutungen in der menschlichen Evolution in Zusammenhang stehenden Gedanken und Gefühlen. Wenn ich meinen Kelch halte, komme ich in Kontakt mit der Welt des Königs Artus und der Suche nach dem Heiligen Gral, einer in den mystischen und esoterischen Traditionen des Westens machtvollen Imagination. Und meine Yoda-Figur steht in Resonanz zu den *Star-Wars*-Geschichten und der spirituellen Macht der Jedi-Ritter, die sich der populären Imagination tief eingeprägt haben, und dahinter gibt es die Resonanz zu der für die westliche Kultur so zentralen Reise des Helden, wie sie vom Mythenforscher Joseph Campbell beschrieben wurde. Mit anderen Worten: Wenn ich mich entscheide, mich auf diese Ebene einzustimmen, sind beide Artefakte jeweils mit einer »Wolke« aus Bildern und Gedankenformen verknüpft, die in der kollektiven Imagination und dem Denken der Menschheit existieren. Diese Wolke kann dann ihrerseits in Resonanz zu den formgebenden kreativen Mächten treten, die Bestandteil des spirituellen Erbes und der

Macht der Menschheit sind – und im Fall meines Kelchs gibt es auch diese Form der Resonanz.

Diese »Wolke« aus menschlicher Energie, menschlichen Gedanken, Absichten und Vorstellungen erzeugt eine energetische Umwelt, die für feinstoffliche Wesen attraktiv ist, die unsere Seinsqualität als nährend empfinden und von uns lernen möchten. *So wie wir antike Kunstwerke studieren, um herauszufinden, wie die Menschen damals dachten und fühlten, können feinstoffliche Wesen sich auf die Energiefelder unserer Artefakte einstimmen, um zu verstehen, wer wir sind und welche spirituellen Mysterien und Kräfte sich in unserem Inkarnationsprozess entfalten.* Auf meinen Yoda trifft dies potenziell ebenfalls zu – oder auf jede der anderen kultigen Action-Figuren, die ich auf meinem Schreibtisch arrangiert habe. Und es gilt auch für jedes andere Artefakt in meinem Haus und für das Haus selbst. In Feldnotiz 10 werde ich mehr über diese feinstofflichen Wesen berichten, die ich als »Reiter« bezeichne.

Es gibt um unsere Artefakte noch ein anderes Energiefeld. Wie in Feldnotiz 1 erläutert, handelt es sich dabei um eine Aura medialer Verbundenheit, das »Klettband-Feld«, das feinstoffliche Energien aus der Umgebung einfangen und ansammeln kann. Wie aktiv (oder »klebrig«) dieses Feld ist, hängt von vielen Faktoren ab, einschließlich des Materials, aus dem der Gegenstand hergestellt wurde, seiner Verwendung in der Menschenwelt und so weiter. Zum Beispiel sitzen ständig Leute auf meinem Sofa im Wohnzimmer, so dass es stark in die Aktivitäten der Menschen involviert ist, die bei mir ein und aus gehen. Yoda dagegen steht in der ruhigen Atmosphäre meines Schreibtischs, wo ich ihn sehe, doch vom sonstigen Energiefluss im Haus bekommt er wenig mit. Auch bin ich die einzige Person, die ihn anfasst und unmittelbar mit ihm in Kontakt kommt, und selbst ich berühre ihn nicht sehr oft. Daher dürfte er deutlich weniger Energien »ansammeln« als mein Sofa.

Mein Kelch und mein Yoda sind beide recht einfache Objekte. Die feinstofflichen Energieumwelten von Maschinen oder Gebäuden, von Computern gar nicht zu reden, sind deutlich komplexer. Doch das Grundprinzip bleibt gleich. Das, was wir erschaffen, lebt auf seine Art in der feinstofflichen Umwelt und erzeugt Gelegenheiten für Beziehungen und Verbindungen, die neue Möglichkeiten des Nährens, Lernens und der Evolution hervorbringen. Materiell und energetisch erschaffen wir Umwelten, die nur durch uns existieren: die Umwelten der Techno-Elementale.

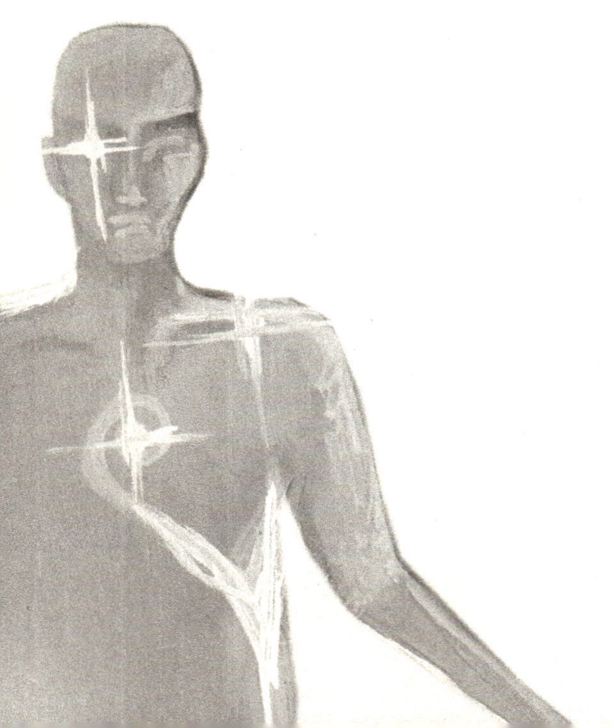

FELDNOTIZ 10

TECHNO-ELEMENTALE

Das Wort »Techno-Elemental« habe ich mir ausgedacht, um jene feinstofflichen Wesen zu beschreiben, die durch unsere Artefakte oder als Konsequenz unserer Technologie zu uns Menschen in Beziehung treten. Es ist keine sehr präzise Bezeichnung, denn sie schließt beide Arten hybrider Elementarwesen ein, die ich in Feldnotiz 9 beschrieben habe. Es meint auch feinstoffliche Wesen, die im menschlichen Umfeld jene Dienste der Zirkulation und des Austausches leisten, für die in der natürlichen Welt die Naturgeister zuständig sind. Und ebenso beziehe ich die Wesen ein, die einfach neugierig und an der Menschheit interessiert sind und unsere Produkte und Gebäude als Anknüpfungspunkte nutzen, um mit uns Verbindung aufzunehmen.

Was die Besonderheiten der Techno-Elementale angeht, die ich über die Jahre beobachtet habe, hilft es mir, diese Wesen vier Kategorien zuzuordnen. Erstens gibt es besondere Manifestationen feinstofflichen Lebens, die unmittelbar mit dem Artefakt verbunden sind. Da der Begriff »Elementargeister« sich auf feinstoffliche Wesen bezieht, die in der Natur anzutreffen sind, beziehe ich mich darauf und nenne die erste Kategorie »**Artefaktale**«. Zweitens gibt es die »**Reiter**«. Diese Wesen werden vom Energiefeld des Artefakts angezogen, weil es ihnen ein Umfeld bietet, in dem sie lernen können oder Nahrung finden. Drittens gibt es »**Verbündete**«, Wesen, die sich mit den Energiefeldern unserer Artefakte und unserer Technologie verbinden, um uns zu helfen. Und dann sind da noch jene Wesen, die ich »**Sakramentale**« nenne: Lichtwesen, die wir bewusst anrufen und herbeibitten können, wodurch ein Gegenstand zu einem Talisman wird, der uns hilft, mit den Qualitäten und Energien dieser segensreichen Wesen in Kontakt zu treten.

Bevor ich hierauf näher eingehe, möchte ich betonen, dass im Umgang mit feinstofflichen Phänomenen Grenzen eher weich und etwas unscharf sind. Die vier Kategorien dienen mir dazu, leichter verstehen und einordnen zu können, welche Energien ich jeweils spüre, aber man sollte sie nicht starr und schematisch anwenden. Zum Beispiel ist die Grenze zwischen »Verbündeten« und »Sakramentalen« besonders fließend, denn ein Wesen kann, abhängig von den Umständen, beides sein oder manchmal das eine und manchmal das andere. Ähnlich verhält es sich mit den »Reitern«: Hier können wir es mit einem Wesen zu tun haben, das nur vorübergehend im Feld eines Artefaktes präsent ist, oder es handelt sich um eines, das eine permanente Verbindung für die gesamte Dauer eingeht, die das Artefakt existiert. So wird dieses Wesen zu einem »Artefaktal«.

Ich möchte aber darauf hinweisen, dass in diesen vier Kategorien nicht das einbezogen ist, was ich als »Substanz-Elementale« bezeichne, also jene feinstofflichen Wesen, die mit Pflanzen, Steinen, Wasser, Erde, Feuer und so weiter verbunden sind. Wie in Feldnotiz 9 angesprochen, sind diese immer gegenwärtig, was einfach daran liegt, dass unsere Artefakte aus

Materialien gefertigt werden, die wir entweder unmittelbar der Natur entnehmen oder aus natürlichen Rohstoffen technologisch erzeugen. Sie fallen für mich nicht unter den Begriff Techno-Elementale, weil sie normalerweise nicht mit uns Menschen interagieren, wie Techno-Elementale es tun. Das bedeutet nicht, dass »Natur-Elementale« oder »Substanz-Elementale«, wie die Geister von Holz oder Stein und andere, sich nicht für uns Menschen interessieren und nichts über uns herausfinden möchten oder uns nicht durch unsere Artefakte beeinflussen. Es ist nur so, dass sie bei Artefakten in der Interaktion mit uns meistens nicht die dominante Präsenz sind, was die Hybridisierung betrifft, also die Verbindung der Energie der feinstofflichen Wesen mit unseren menschlichen Gedanken und Absichten. Um uns direkt auf das Substanz-Elemental in einem von uns erschaffenen Objekt einzustimmen, bedarf es eines gezielten Willensaktes unsererseits.

Beginnen wir, nachdem das gesagt ist, nun mit den »Artefakt-Elementalen« oder kurz **Artefaktalen**. Sie sind die Ausdrucksform des feinstofflichen Lebens in unseren Objekten, und ihre Gestalt und Identität wird bestimmt durch den Zweck, für den das Artefakt geschaffen wurde. Sie erhalten die energetische Integrität und Kohärenz dieses menschengemachten Objekts aufrecht und absorbieren durch ihre Verbindung zur feinstofflichen Umwelt von dort Energien.

Allgemein gesagt bewahren diese Wesen die energetische, sichtbare Struktur des Artefakts und sorgen dafür, dass es klar und stabil im Reich der Substanz und Manifestation in Erscheinung tritt. So wie die Natur-Elementale sich auf das Bewusstsein der Devas und anderer formgebender Wesen einstimmen, müssen die Artefaktale sich auf die menschlichen Gedanken, Gefühle und Imaginationen einstimmen. Wie schon erwähnt, verleiht ihnen das eine besondere »Aura«, die sich von derjenigen natürlich entstandener Objekte unterscheidet.

Das mit meiner Yoda-Figur verknüpfte Artefaktal ist sehr einfach. Das mit meinem Auto verbundene Artefaktal ist deutlich komplexer. Tatsächlich haben wir es bei meinem Auto, das ja aus vielen Einzelteilen – oder Artefakten – besteht, nicht mit einem einzelnen Artefaktal, sondern mit einem Kollektiv aus vielen verschiedenen Artefaktalen zu tun, die innerhalb des primären koordinierenden Energiefelds des Autos zusammenwirken. (Ähnlich kann ich auch sagen, dass mein Körper-Elemental das gesamte Energiefeld meines Körpers koordiniert, es aber in ihm einzelne, voneinander unterscheidbare feinstoffliche Intelligenzen gibt, die mit den größeren Organen meines Körpers verbunden sind.)

Es handelt sich also um feinstoffliche Ökosysteme innerhalb von Ökosystemen!

Jedes Artefaktal ist zuständig für die acht in Feldnotiz 5 beschriebenen Funktionen: Identität, Organisation, Austausch, Stoffwechsel, Generativität, Verbundenheit, *Holopoiesis* und Sichtbarwerden. Wie aktiv diese Funktionen jeweils sind, hängt ab von dem Artefakt und seiner Verwendung, seiner Einbeziehung in menschliche Energiefelder und Aktivitäten, seiner energetischen Präsenz und Bewusstheit und dergleichen mehr. Bevor ich meinem kleinen Yoda durch meine Liebe und Aufmerksamkeit, meine Gedanken und Imagination zusätzliche Energie zuführte, wies er nur eine minimale Aktivität bei den meisten der acht Funktionen auf, mit Ausnahme der Identität (als Objekt, nicht als »Yoda«) und der energetischen Organisation.

Der Unterschied zwischen den energetischen Feldern der Natur und jenen der von Menschen erschaffenen Umwelt liegt allgemein vor allem darin, wie diese acht Funktionen sich manifestieren. Die Bestimmung von Natur-Elementalen und Artefaktalen besteht darin, sich auf eine schöpferische Intelligenz einzustimmen, um dabei zu helfen, dass etwas sich manifestieren und seine Struktur aufrechterhalten kann. Doch ist in der Natur die Absicht und Willenskraft von Devas auf das große Ganze eingestimmt, die größere Umwelt, in der ein Schöpfungsakt sich ereignet. Um zum Beispiel die Spezies »Ahornbaum« zu manifestieren, ist der Ahornbaum-Deva sich ganz automatisch bewusst, wie dieser Baum sich in das Ökosystem einfügt, das er besiedelt. Mit anderen Worten erschafft ein Deva auf *ganzheitliche* Weise. Die verbindenden und *holopoietischen* Funktionen sind von Anfang an aktiv. Der Ahornbaum wird zu einem Mitwirkenden bei der Erschaffung von Ganzheit in seiner Welt, weil er sich als Teil dieser Ganzheit versteht.

Darüber hinaus tragen Devas aktiv zur Evolution des Bewusstseins bei. Der Ahornbaum ist keine statische Schöpfung, sondern in der Lage, sich evolutionär zu verändern, so dass bei ihm neue Eigenschaften und Fähigkeiten auftauchen können. Auch diese Funktion ist von Anfang an aktiv.

Menschen befinden sich meistens nicht in einem so ganzheitlichen Bewusstseinszustand – jedenfalls nicht im gegenwärtigen Stadium unserer Bewusstseinsentwicklung. Die menschliche Willenskraft ist in der Regel ganz auf unsere menschlichen Ziele, Bedürfnisse und Pläne ausgerichtet. Während das Bestreben eines Devas oder Engels nach außen gerichtet ist, auf Harmonie mit dem Kosmos und dem Heiligen, ist der menschliche Wille eher auf autonome Selbstverwirklichung ausgerichtet, was um so mehr gilt, je materialistischer und industrialisierter unsere Gesellschaft wird.

Für den Deva ist alles lebendig. Es gibt nur Subjekte mit eigener Agenda und Heiligkeit. Wir Menschen dagegen betrachten, vor allem zum jetzigen Zeitpunkt unserer Geschichte, einzig und allein organische Entitäten als lebendig, und selbst die meisten von diesen behandeln wir keineswegs als Subjekte, sondern als Objekte, denen wir keine intrinsische Heiligkeit oder Subjektivität zubilligen.

Daraus folgt, dass ein im Zusammenwirken mit dem menschlichen Willen erschaffenes künstliches Energiefeld im Hinblick auf die Funktionen Verbundenheit, *Holopoiesis* und Sichtbarwerden schwach und beeinträchtigt sein kann. Techno-Elementale können starke energetische Identitäten und einen hohen Organisationsgrad aufweisen, aber ihre Fähigkeit, eine intensive Verbundenheit mit den feinstofflichen Welten herzustellen oder an der Erschaffung von Ganzheit mitzuwirken, kann stark eingeschränkt sein. *Weil wir uns selbst nicht als verbunden mit der größeren Welt erleben, ist es auch bei den Artefakten, die wir erschaffen, eher unwahrscheinlich, dass sie diese Verbundenheit erfahren.* Das kann schädliche Folgen für unsere menschliche Entwicklung und unsere Lebensqualität haben.

Die zweite Kategorie von Techno-Elementalen bezeichne ich als »**Reiter**«. Dabei handelt es sich um feinstoffliche Wesen, die sich von der menschlichen Energie angezogen fühlen und das Energiefeld eines unserer Artefakte benutzen, um Verbindung mit uns aufzunehmen. Ein solches Wesen mag neugierig auf uns Menschen sein. Es möchte sich Eindrücke von unseren feinstofflichen Energien verschaffen und mehr über diese faszinierenden Wesen herausfinden, die sich Menschen nennen.

Ich habe die Erfahrung gemacht, dass viele Arten von feinstofflichen Wesen, vor allem Elementargeister, die Energie von Willenskraft und Absicht als nährend und stimulierend empfinden. Das liegt zum Teil daran, dass viele Elementarwesen sich der Aufgabe widmen, schöpferische Willenskraft in Form und Manifestation umzusetzen. Sie sind Teil jener Formgebenden Macht, die den Kosmos sich entfalten und Gestalt annehmen lässt.

Man kann die menschliche Technologie als Verkörperung von Absicht und Willenskraft verstehen. Ein Werkzeug ist die Manifestation der Absicht, etwas zu tun. Ein Hammer verkörpert die Absicht, etwas zu bauen. Ein Schwert oder eine Pistole verkörpern die Absicht, zu verwunden oder zu töten, sei es zur Verteidigung oder um selbst anzugreifen. Ein Auto verkörpert die Absicht zu reisen. Eine Druckmaschine verkörpert den Willen, Texte zu Papier zu bringen und zu veröffentlichen. Durch Technik verleihen wir einer funktionalen Absicht Gestalt und Form. Es handelt sich bei ihr also um eine »formgebende Kunst«, vergleichbar mit der Tätigkeit der spirituellen formgebenden Mächte in der Welt.

Daher ist die menschliche Technologie für bestimmte Elementarwesen von besonderem Interesse. Sie werden von ihr angezogen. Die Gründe für diese Anziehungskraft sind vielfältig. Für einen Reiter mag die konzentrierte Energie von Willen und Absicht attraktiv sein. Ein solches Wesen findet es energetisch stimulierend und nährend, sich in der Nähe menschlicher Felder von Bewusstsein und Aktivität aufzuhalten. Es kann auch einfach neugierig auf uns sein. In den feinstofflichen Welten ist Lernen eine machtvolle Motivation. Informationen und neue Erfahrungen sind eine energiereiche »Nahrung«, die sehr zur Entwicklung bestimmter feinstofflicher Lebensformen beiträgt. Menschen sind komplexe Entitäten. Wir können viele Formen feinstofflicher Energien nutzen und synthetisieren, wozu viele einfachere feinstoffliche Organismen nicht in der Lage sind. Für sie kann es attraktiv sein, Zeit in einem von Menschen erzeugten Energiefeld zu verbringen, um diese Fähigkeiten von uns zu erlernen.

In Feldnotiz 1 benutzte ich die Metapher der unterschiedlichen Beweglichkeit von Action-Figuren. Wie ich dort schrieb, ist das menschliche Bewusstsein sehr flexibel. Indem ein Wesen mit weniger »Gelenken« uns beobachtet, kann es lernen, flexibler zu werden. Vielleicht hätte es zuvor nicht für möglich gehalten, dass Wesen mental so beweglich sein können. Auf diese Weise können Wesen, die über das Medium unserer Artefakte mit uns Verbindung aufnehmen, ihre Funktion des Sichtbarwerdens verbessern, was es ihnen ermöglicht, evolutionäre Fortschritte zu machen.

Manchmal besteht unsere Attraktivität für sie auch einfach darin, die anregende Gegenwart kreativer Energie zu genießen. Viele meiner Freunde sind Künstler: Schriftsteller, Maler, Schauspieler, Musiker. Ich liebe es, mich in ihrer Gesellschaft aufzuhalten, weil sie charismatisch sind. Es geht eine Lebendigkeit von ihnen aus, die sie anziehend macht. Ganz ähnlich können wir alle charismatisch auf feinstoffliche Wesen wirken, die noch nicht so entwickelt und kreativ sind wie wir. Auch wenn wir oft nur aus Bequemlichkeit oder kommerziellen Gründen kreativ sind, geschieht es doch auch immer wieder, dass wir etwas um der Inspiration, Schönheit und Freude willen erschaffen. Wir manifestieren das, was ich formgebende Energien nenne, Energien, die lebensfördernd und ganzheitlich sind. In einem lernenden Universum ist das für die Wesen im feinstofflichen Reich echte Nahrung. Reiter können sich sozusagen etwas von uns Erschaffenes als Wohnort wählen, um in dem Licht zu baden, das wir in die Welt bringen.

Manche Reiter leben einfach im Energiefeld des Artefakts. Sie profitieren von der energetischen Umgebung, ohne selbst viel beizutragen. Andere unterstützen aktiv die Arbeit des Artefaktals, gehen mit ihm in Harmonie und energetisieren ihn.

Das wirkt sich meistens positiv und hilfreich aus, kann aber problematisch werden, wenn der Reiter den Zweck des Artefakts in einer Weise energetisiert, dass der Wille des menschlichen Besitzers oder Nutzers des Artefaktes überlagert oder ausgeschaltet wird. Die fokussierte Energie und Willenskraft eines Elementarwesens kann einen machtvollen, sogar kontrollierenden Einfluss auf einen Menschen ausüben, dessen Gefühl für eigene Souveränität und Ganzheit nur schwach entwickelt ist.

Nicht alle Reiter kommen, weil sie auf Nahrungssuche sind oder lernen wollen. Es gibt auch feinstoffliche Wesen, die den Wunsch haben, uns zu dienen und zu helfen, und die unsere Artefakte als Verbindung zu uns nutzen.

In Feldnotiz 1 berichtete ich von dem feinstofflichen Wesen, das sich an den *Bumblelion* meines ältesten Kindes anheftete. Wenn man es um seine Mithilfe bat, erzeugte es ein liebevolles, wohltuendes Energiefeld.

Solche Wesen werden zu **Verbündeten**. Sie können Engel oder Devas sein, nicht inkarnierte Menschen, Naturgeister oder Wesen, die sich keiner dieser Kategorien zuordnen lassen (Letztere sind in der Ökologie der feinstofflichen Welten zahlreich). Was sie alle gemeinsam haben, ist der Wunsch zu helfen und die Fähigkeit, das Energiefeld eines menschlichen Artefakts als Verbindungspunkt zu nutzen.

Manchmal wird ein Artefakt speziell für den Zweck geschaffen, Bindeglied zu einem nicht-physischen Verbündeten zu sein. Ein Beispiel hierfür ist das von meinem Freund und Lorian-Kollegen Ron Hays geschaffene »Sidhe-Tor«. Die Sidhe sind spirituelle »Vettern und Kusinen« der Menschheit und leben in einem Bereich, der in praktischer Hinsicht wohl im Wesentlichen feinstofflich ist, auch wenn sie streng genommen selbst keine feinstofflichen Wesen sind. Doch können sie in vielerlei

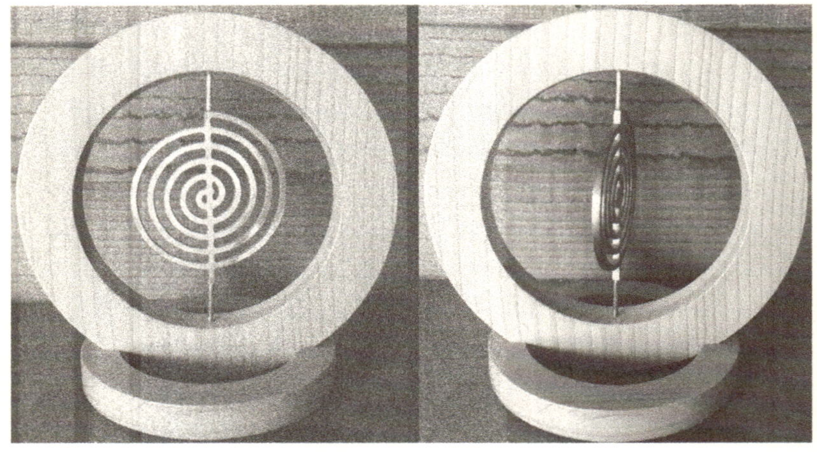

Abb. 4. Das von Ron Hays geschaffene »Sidhe-Tor«

Hinsicht auf ganz ähnliche Art wie feinstoffliche Wesen für uns Helfer und Verbündete sein.

Ron fertigt die Sidhe-Tore in Handarbeit in seinem Studio. In dem Tor befindet sich die Sidhe-Glyphe, wie sie zuerst in John Matthews' ausgezeichnetem Buch *Die Sidhe* vorgestellt wurde, als meditatives Symbol, um Kontakt zu diesen Wesen aufzunehmen. Die Glyphe ist drehbar montiert, so dass man das »Tor« öffnen und schließen kann. Während der Herstellung der Artefakte steht Ron in geistigem Kontakt zu seinen Sidhe-Verbündeten. Rons Tore können als Schnittstellen zum Energiefeld des Sidhe-Reiches benutzt werden. Wenn ich das Bedürfnis habe, mit diesen Wesen zu kommunizieren, nutze ich dazu oft ein solches Tor.*

Ein weiteres, größeres Beispiel für einen mit einem bestimmten Artefakt verbundenen feinstofflichen Verbündeten ist das

---

* »Sidhe« (ausgesprochen: *schi*) ist ein alter Begriff für das irische Feenvolk, die *fairies*. John Matthews' Buch *Die Sidhe – Begegnungen mit der Anderswelt* liegt vor im AMRA Verlag, Hanau. Leseproben auf www.AmraVerlag.de.

Wesen, das ich meinen »Hausengel« nenne. Bei einem Haus handelt es sich zweifellos um ein menschliches Artefakt, ein Produkt unserer schöpferischen und technischen Fähigkeiten, und wie unser Körper ist es ein großes Ganzes, das aus vielen Einzelteilen besteht. Alle Häuser – überhaupt alle Arten von Gebäuden – besitzen ein eigenes Energiefeld, das von ihrer Form und Funktion beeinflusst wird, aber auch davon, was in ihnen stattfindet, also den energetischen Aktivitäten, die in ihnen ablaufen. Wie beim »Lebensfeld« jedes Artefakts sind auch bei einem Gebäude nicht alle acht Funktionen deutlich erkennbar oder gleichermaßen aktiv. Wenn sein feinstoffliches Feld nicht gut entwickelt ist, was ja auf viele Artefakte zutrifft, wird seine Fähigkeit, Verbindungen einzugehen, nur schwach ausgeprägt sein, von den Funktionen *Holopoiesis* und Sichtbarwerden gar nicht zu reden. Mit anderen Worten, abhängig von der Stärke seines Feldes und den Funktionen, die aktiv sind, kann ein Haus in Interaktion mit dem menschlichen Bewusstsein ein weites Spektrum von Empfindungsfähigkeit an den Tag legen.

Bei meinem Haus ist es so, dass ich es mir zur täglichen Praxis gemacht habe, mich auf das Licht und die Empfindungsfähigkeit dieses Gebäudes zu konzentrieren. Ich erkenne das feinstoffliche Leben meines Hauses als Verbündeten und Partner bei meinen Aktivitäten, denen ich in seinem Inneren und seiner äußeren Umgebung nachgehe. Jeden Tag nehme ich mir bewusst etwas Zeit, mein Haus über meine eigene Energie mit den feinstofflichen Energien der umgebenden Natur in Kontakt zu bringen, vor allem mit der segensreichen Ausstrahlung der »Dame vom See« und den das Tal umgebenden Bergen. Das hat zur Folge, dass der Geist meines Hauses in der feinstofflichen Umgebung sehr lebendig und präsent ist. Es wird zu einem aktiven Leiter für Segnungen und spirituelle Energie, die allen Bewohnern und Besuchern zugute kommen.

Das leitet über zur vierten Kategorie von Techno-Elementalen, den **Sakramentalen**. Diese hochentwickelten spirituellen Wesen, oft handelt es sich um Engel oder Devas, nutzen ein Artefakt als Verbindungsstelle zu uns, um uns Segen zu spenden und Energien anzubieten, die unser Leben verbessern und unsere spirituelle Entwicklung fördern. Solche Wesen halten sich oft im Energiefeld von Kirchen, Synagogen, Moscheen und anderen Sakralbauten auf, wo sie Licht und Segen spenden. Doch auch kleinere Artefakte können in Verbindung zu solchen hochentwickelten spirituellen Verbündeten stehen. Wenn ich beispielsweise meinen Kelch als Ritualgegenstand benutze, stelle ich über ihn die Verbindung zur Energie eines Verbündeten aus dem Reich der Engel her.

Der Unterschied zwischen einem »Verbündeten« und einem »Sakramental« ist nicht immer offensichtlich. In vielen Fällen kann ein Wesen beides zugleich sein. Doch meine Faustregel lautet, dass ein Verbündeter mich energetisch bei meinen Alltagaktivitäten unterstützt, aber nicht interessiert oder in der Lage ist, mich bei meiner spirituellen Entwicklung zu unterstützen. In der Regel ist ein solcher Verbündeter in der feinstofflichen Umgebung aktiv, in der ich lebe. Ein Sakramental gehört dagegen zu einer Gruppe von Wesen, meistens Engel, die unsere spirituelle Entfaltung und Ganzheit fördern. Er agiert aus einer höheren Frequenz des Lebens jenseits der feinstofflichen Umwelt und arbeitet mehr durch den induktiven Einfluss seiner Präsenz als durch die Übermittlung spezifischer feinstofflicher Energien.

Wichtig ist, sich bewusst zu machen, dass die Verbündeten und Sakramentale nicht in den Artefakten wohnen, mit denen sie in Verbindung stehen. Sie können sich für einige Zeit in deren Energiefeldern aufhalten, wenn das sinnvoll ist, aber in der Regel sind sie so mit dem Artefakt verbunden, wie, sagen wir, eine Sicherheitsfirma elektronisch mit meinem Haus verbunden ist, so dass sie sofort etwas unternehmen können, wenn ihnen aus meinem Haus ein elektronischer Alarm übermittelt wird. Der Verbündete oder das Sakramental wird aufmerksam und reagiert, wenn der Artefakt, mit dem es verbunden ist, aktiviert wird und eine Bitte sendet.

Nehmen wir beispielsweise mein Sidhe-Tor: Die Sidhe leben nicht in dem Artefakt, und dass ich die Metall-Glyphe drehe, öffnet mein Bewusstsein nicht für ihre Welt. Ich muss diese Öffnung in mir selbst erzeugen, durch Liebe, Absicht, Aufmerksamkeit und Präsenz. Aber das Tor dient mir als Linse, um mich auf den Kontakt mit ihnen zu fokussieren. Ich nutze es als Talisman, um meinen Wunsch und meine Absicht, mit ihnen in Kontakt zu treten, mehr Kraft zu verleihen. Es wird sozusagen »ein Alarm ausgelöst«, der sie in ihrer Welt erreicht. Das kann zu einem Kontakt führen oder nicht. Hier wird nichts erzwungen. Aber wenn alle anderen Voraussetzungen gegeben sind, kann diese »Linse« oder dieses »Tor« als energetisch entsprechend gestimmter Artefakt die innere Verbindung zwischen meinem Bewusstsein und dem des antwortenden Sidhe ermöglichen.

Die Kategorien Artefaktal, Reiter, Verbündeter und Sakramental sind nur ein Weg, eine Gruppe feinstofflicher Wesen zu klassifizieren – die »Techno-Elementale«, die sich zu unseren Artefakten hingezogen fühlen und durch sie beeinflusst werden. Der Bereich, in dem diese Wesen existieren, bildet in sich selbst ein komplexes Ökosystem. Das soll dazu beitragen, den Umgang mit ihnen zu vereinfachen. Die Klassifizierungsbemühungen werden durch die Tatsache erschwert, dass in den feinstofflichen Welten Grenzen weit fließender und unschärfer sind als in der physischen. Es ist leicht, eine Kiefer von einem Ahornbaum zu unterscheiden. Es ist nicht leicht, einen Naturgeist von einem Elementargeist oder einen Engel von einem Deva zu unterscheiden. Dafür braucht man eine genaue Beobachtungsgabe, was das Verhalten dieser Wesen betrifft, und die Fähigkeit, feine Nuancen bei Schwingung und Energie zu erkennen. Selbst nach über sechzig Jahren Praxis kommt es immer noch vor, dass ich mich irre.

Zudem gibt es zwei weitere Kategorien, die ich hier unberücksichtigt gelassen habe, obwohl sie für die menschlichen Angelegenheiten eine immer größere Rolle spielen.

Es handelt sich nämlich um die feinstofflichen Wesen, die mit Elektrizität und der Erschaffung des Cyberspace und Künstlicher Intelligenz in Verbindung stehen. Sie unterscheiden sich so stark von den anderen vier, dass ich ihnen weiter hinten im Buch eigene Feldnotizen widmen werde.

Obwohl ich mir Namen für diese unterschiedlichen Kategorien von Wesen ausgedacht habe, sollten wir darauf achten, ihnen nicht mehr Bedeutung beizumessen, als sie zu tragen vermögen. Es sind ebenso poetische wie taxonomische Namen. »Naturforschung« im Bereich des Feinstofflichen ist gleichermaßen Kunst wie Wissenschaft. Die Wissenschaftler unter meinen Freunden würden sogar sagen, es ist *mehr* Kunst als Wissenschaft!

Eines sollten wir niemals vergessen: Aus der Perspektive aller feinstofflichen Wesen, vom einfachsten Elementargeist bis zum komplexesten und hochentwickelten kosmischen Erzengel, ist alles – wirklich alles – lebendig und empfindungsfähig. Alle feinstofflichen Wesen leben in einem Universum, das ausschließlich von Subjekten bewohnt wird. Es gibt keine »Dinge«. Alles ist ein »Du«. Nur wir Menschen sind oft nicht bereit, das zu erkennen und wertzuschätzen. Das liegt an unseren Denkfehlern und Trugschlüssen im Hinblick auf die Natur der Realität ebenso wie an unserer mangelnden Fähigkeit, die feinstofflichen Welten wahrzunehmen. Wir verlieren uns in selbst erschaffenen Gedankengebäuden, Spiegelwelten, in denen wir nur uns selbst sehen, blind für die Wunder, den Glanz und das Leben in der größeren Welt, die uns umgibt. Diese menschliche Neigung, in unserer eigenen künstlichen, selbst erschaffenen Welt von Denken und Glauben, Imagination und Konstruktion zu leben, ist es, die jene Probleme und Gefahren heraufbeschwört, welche von Techno-Elementalen ausgehen können.

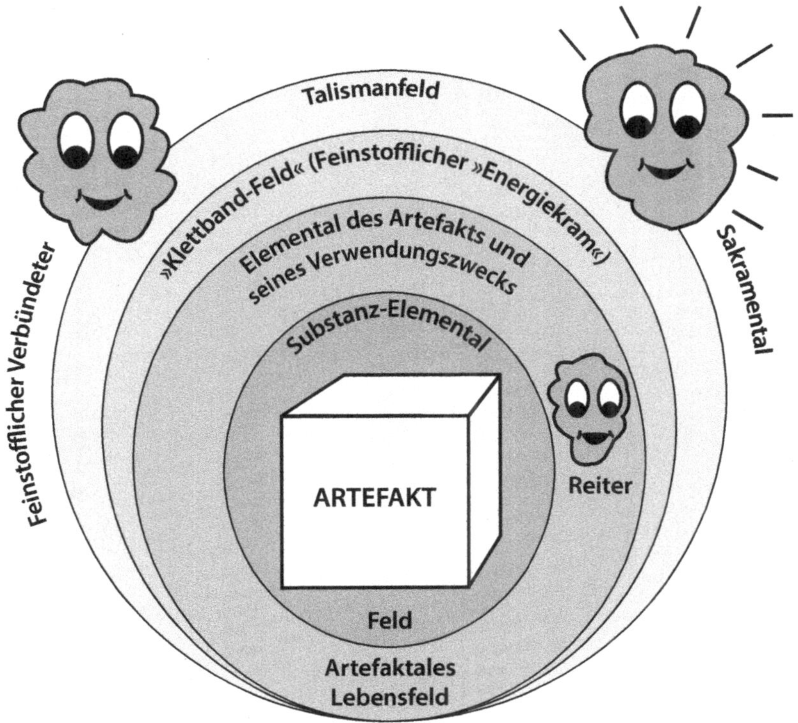

Abb. 5. Anatomie eines Artefaktals: Techno-Elementale und ihre feinstofflichen Energiefelder

Zur besseren Übersicht bietet Abbildung 5 eine einfache Darstellung der Techno-Elementale und der feinstofflichen Energiefelder, die ich in dieser und in Feldnotiz 9 geschildert habe. (Beachten Sie bitte, dass auf der Abbildung das Artefakt »talismanisiert« wurde, weshalb es ein Talismanfeld aufweist, das es mit einem Verbündeten und einem Sakramental verbindet.) Es handelt sich hier um eine idealisierte Darstellung. Nicht alle Artefakte verfügen über alle vier der von mir beschriebenen Techno-Elementale. Aber alle Artefakte besitzen Artefaktale sowie Substanz-Elementale. Das Weitere hängt von den Umständen und der Natur des Artefakts ab.

Wenn ich in meinem Wohnzimmer stehe und mir bewusst mache, dass es sich wirklich um ein »lebendiges« Zimmer handelt (einen Raum voller feinstofflichem Leben), nehme ich die Techno-Elementale, die ich dort entdecke, wenn ich mich dafür öffne, so vielfältig war wie die Blumen im Garten meiner Frau. Zum Beispiel gibt es in diesem Zimmer einen mit wundervollen Schnitzereien verzierten Sofatisch, der einst der Urgroßmutter meiner Frau gehörte. Er wurde von Generation zu Generation weitergegeben. Er gehörte ihrer Großmutter, dann ihrer Mutter und heute ihr. Offenbar wurde er handgefertigt, höchstwahrscheinlich im späten neunzehnten Jahrhundert, allerdings wissen wir das nicht genau. Das Artefaktal, das ich in diesem Tisch spüre, ist wie ein Familienahne. Es strahlt eine ruhige, tiefe Energie aus. Wenn ich mich auf ihn einstimme, fühlt es sich ein wenig so an, als handele es sich um einen alten Brunnen. Gleichzeitig spüre ich die Präsenz eines Reiters, in diesem Fall eines Licht und Segen spendenden Geistes oder Engels aus der mütterlichen Abstammungslinie meiner Frau. Das ist keine sehr starke Präsenz, aber sie ist da, wie eine alte Adresse oder Telefonnummer, über die man, wenn gewünscht,

Kontakt zu einem entfernten Verwandten aufnehmen kann. Diese Verbindung oder Schwingung ruht im Energiefeld dieses Tisches wie ein Segen.

Einen Kontrast dazu bildet ein kleiner, drei Kerzen tragender Leuchter aus Metall auf dem Kaminsims. Ich verwende ihn hin und wieder für einfache Rituale, bei denen ich eine Kerze für einen Menschen anzünde, der eines Segens bedarf. Dabei bildet sich um dieses Artefakt jedes Mal ein Feld, das mit einem Sakramental verbunden ist, einem spirituellen Verbündeten, der meinen Segen für die betreffende Person verstärkt und mit Energie auflädt. In der übrigen Zeit, wenn der Leuchter nicht für diese Rituale genutzt wird, ist sein Energiefeld nicht besonders stark. Ich habe nicht den Eindruck, dass sein Artefaktal besonders entwickelt oder empfindungsfähig ist. Wenn das Artefaktal des Sofatisches alt ist, dann ist das des Kerzenleuchters sehr jung.

Mit anderen Worten: Einige Gegenstände und Artefakte in meinem Wohnzimmer besitzen starke Felder und sind energetisch sehr präsent, während das auf andere nicht zutrifft. Einige haben Reiter oder Sakramentale, die meisten aber nicht. Hier zeigt sich, dass Techno-Elementale so vielfältig sind wie jede andere Lebensform auf der Erde. In diesem Buch kategorisiere ich sie etwas vereinfachend und verallgemeinernd, um Ihnen den Zugang zu der Materie zu erleichtern. Aber das ist, als würde man über Pflanzen insgesamt als eine Kategorie von Lebewesen sprechen, obwohl wir alle wissen, dass sie sich auf der Welt in einer erstaunlichen und wunderbaren Vielfalt unterschiedlicher Spezies manifestieren.

FELDNOTIZ 11

TALISMANE UND TECHNIK

Menschen sind ständig damit beschäftigt, ihre Umwelt zu gestalten. Dabei hat unsere moderne Kultur vergessen, dass wir auch ständig unsere nicht-physische, feinstoffliche Umwelt gestalten. Das Auftauchen der Techno-Elementale ist eine Konsequenz dieser menschlichen Aktivitäten.

In der Findhorn-Gemeinschaft im Norden Schottlands haben die Gärtner in den Gemeinschaftsgärten wahre Wunder vollbracht, indem sie sich auf die mit dem Erdboden und den verschiedenen Pflanzenspezies verbundenen Elementale, also Elementargeister, sowie Naturgeister einstimmten und mit ihnen kooperierten. Unsere Vorfahren machten es ganz ähnlich. In früheren Zeiten baten die Menschen die feinstofflichen Wesen um Hilfe bei der Landwirtschaft, der Jagd, der Heilkunst, der Wetterbeeinflussung und generell zur Unterstützung des Stammes oder der Sippe. Tatsächlich war die Landwirtschaft einer der frühesten Bereiche, wenn nicht überhaupt der *erste*, wo der Mensch Technologie einsetzte. Deshalb dürften die ersten Techno-Elementale Naturgeister gewesen sein, die sich an die neu entstehenden Pflanzenzüchtungen und die menschliche Landwirtschaft anpassten und bei deren Erschaffung mit den Menschen kooperierten.

In ähnlicher Weise verrichteten frühe Handwerker ihre Tätigkeit, zum Beispiel als Weber, Schmied oder Töpfer, auf eine Art, dass feinstoffliche Wesen sich eingeladen fühlten, bei der Arbeit mitzuhelfen. Das geschah, indem die Menschen sich durch Gebet, Rituale, Lieder, Tänze und innere Vorstellungsbilder auf ihre Arbeit und die dafür benötigten spirituellen Energien einstimmten. Da alle Materialien, aus denen die Menschen damals ihre Werkzeuge und Produkte fertigten, aus der Natur kamen, waren die ursprünglichen Techno-Elementale, wie gesagt, Natur- und Elementargeister. Anders ausgedrückt waren die Menschenwelt und die natürliche Welt nicht so getrennt wie heute (jedenfalls in unserem Denken). Die Menschen damals waren sich der feinstofflichen Welten ebenso bewusst wie der physisch-materiellen Welten und trennten die beiden Bereiche gedanklich nicht voneinander. Doch als die Welt der Menschen immer deutlicher menschlich wurde und wir uns feinstofflich wie materiell immer schärfer von der Natur abgrenzten, begannen auch die mit unserer Technologie verbundenen feinstofflichen Wesen sich deutlicher von ihren natürlichen Verwandten zu unterscheiden.

Zum Beispiel begannen viele Naturgeister und Elementale, die Umgang mit den Menschen pflegten und sich gerne auf unserem Farmland und in unseren Gärten aufhielten, unsere menschliche Gestalt nachzuahmen, wenigstens bis zu einem gewissen Grad (was für feinstoffliche Wesen einfach ist, da ihre energetische Gestalt es ihnen ermöglicht, die äußere Form zu verändern). Meiner Erfahrung nach besitzen viele Naturgeister überhaupt keine deutlich sichtbare äußere Form. Ich nehme sie als wirbelnde Bänder oder als Lichtpunkte wahr. Aber manchmal erlebe ich, dass sie eine menschliche Gestalt annehmen, weil wir Menschen es dann einfacher finden, zu ihnen in Beziehung zu treten. Bei einem formlosen Leuchtwesen fällt uns das deutlich schwerer.

Allgemein gesagt verläuft die Entwicklung der Techno-Elementale parallel zur Entwicklung der menschlichen Zivilisation und ihrer zunehmenden Veränderung der Umwelt und Abgrenzung zur Natur. Anfangs bestanden zwischen Naturgeistern und Spirits, die sich in der Nähe der Menschen und ihrer Geräte und Gebäude aufhielten, nur geringe Unterschiede. Mit der Zeit wurden dann zumindest die »Artefaktale« immer stärker durch das menschliche Bewusstsein und die menschlichen Absichten beeinflusst und geformt statt durch die devischen Energien, die in der Natur Licht und Kraft spenden.

Um einen besseren Überblick zu ermöglichen, unterteile ich das Auftauchen der Techno-Elementale in vier Stadien, bezogen auf das menschliche Bewusstsein und dessen Zielsetzungen. Ich nenne diese Stadien **integriert**, **verbunden**, **distanziert** und **abgetrennt**. Damit wird eine Entwicklung von einer engen Beziehung zur Natur und den feinstofflichen Welten hin zu immer größerer Loslösung und Trennung beschrieben. Solange wir uns bewusst sind, dass es sich hierbei um grobe Verallgemeinerungen handelt und sich weder die menschliche noch die feinstoffliche Aktivität sauber in getrennte Schubladen einsortieren lässt, kann die Unterteilung in die vier Stadien uns erkennen helfen, warum Techno-Elementale Probleme verursachen, wobei es sich dabei letztlich immer um Probleme handelt, die mit unserem eigenen Bewusstseinszustand zu tun haben.

Mit **integriert** meine ich, dass die Menschen dieses Stadiums sich als integrierter Teil der Natur empfanden, nicht als von ihr getrennt. Sie waren sich der feinstofflichen Wesen und

Energien in der natürlichen Welt bewusst und arbeiteten partnerschaftlich mit ihnen zusammen. Diese Menschen empfanden sich spirituell, energetisch und physisch als Teil des Landes, auf dem sie lebten, jagten, betrieben Landwirtschaft und errichteten ihre Wohnhäuser und sonstigen Gebäude. Was alle praktischen Tätigkeiten anging, gab es zwischen den menschlichen Absichten und den Absichten der Devas oder Engel wenig Gegensätze. Auch heute gibt es, wenn auch deutlich weniger als in jener fernen Vergangenheit, Menschen, die auf diese Art leben. Zum Beispiel streben die Gärtner in Findhorn bewusst nach Integration und Zusammenarbeit mit den spirituellen Intelligenzen, die Teil des feinstofflichen Gartenlebens sind. Unter solchen Bedingungen war und ist es für einen Natur- oder Elementargeist einfach, sich mit den Absichten der Menschen zu verbinden, ohne dadurch den Kontakt zu den größeren Deva- und Engel-Energien der Natur zu verlieren.

Während die Zivilisation sich entwickelte und die Menschenwelt ihre ganz eigenen Charakteristiken annahm, abgetrennt von der umgebenden Natur, entwickelten auch die Werkzeuge und Artefakte der Menschen ihre eigenen, deutlich abgegrenzten Identitäten und Energien. Eine gewebte Decke, ein Schwert oder Hammer frisch aus der Schmiedewerkstatt, ein Stuhl vom Tischler, eine vom Töpfer von Hand auf der Scheibe produzierte Tasse waren neu für die Welt. Sie entstanden aus der menschlichen Imagination, unseren Absichten und unserem handwerklichen Geschick, nicht aus dem Wirken der Naturkräfte. Man konnte nicht Samen aussäen und dann Decken oder Tische ernten.

Wie schon erwähnt, betrachteten viele frühe Handwerker die Erschaffung solcher Artefakte als magischen Akt, bei dem sie um spirituelle Hilfe baten. Das betrachte ich als das Stadium der **Verbundenheit**. Die Weber, Schmiede, Tischler, Töpfer und so weiter verrichteten ihre Arbeit in bewusster Einstimmung auf die feinstofflichen Energien und Wesen, ganz so, wie ich einen »Reiter« bitte, das Stofftier meines Kindes zu einer Quelle positiver Energie zu machen, oder wie mein Freund die Sidhe bittet, ihn bei der Herstellung seiner Sidhe-Tore energetisch zu unterstützen.

Diese Verbundenheit stellte eine weniger tiefe Nähe zu den feinstofflichen Welten dar als bei jenen Menschen, die noch völlig in die natürliche Welt integriert gewesen waren, aber die Verbindung bestand weiterhin. Die Wesen, die sich in jenem Stadium von der menschlichen Kreativität angezogen fühlten, wurden zunehmend vom menschlichen Denken und menschlicher Absicht beeinflusst und geformt, aber sie wurden weiterhin als Teil eines größeren feinstofflichen Ökosystems anerkannt und respektiert. Sie waren Techno-Elementale, doch Wille und Wunsch der Handwerker, im Einklang mit der größeren spirituellen Welt zu leben und zu arbeiten, sorgte dafür, dass diese Elementargeister weiterhin sozusagen in beiden Reichen verwurzelt waren, bei den Menschen und in der Natur.

Eine besonders machtvolle Form dieser im Einklang mit dem Feinstofflichen stehenden menschlichen Absicht ist die Herstellung von *Talismanen*. Unter einem Talisman verstehe ich ein Artefakt, das bewusst dafür geschaffen wird, eine Verbindung zu einer bestimmten feinstofflichen Energie oder Wesenheit zu ermöglichen, die dann dem Objekt ihre besonderen energetischen und spirituellen Merkmale und Qualitäten aufprägt und so das Energiefeld des Artefakts stärkt und seine Empfindungsfähigkeit und Interaktion mit seiner Umwelt erhöht.

Das Artefakt erhält also ein deutlicheres, definierteres Identitätsgefühl und einen klareren Daseinszweck. Auch kann man einen Verbündeten oder ein »Sakramental« dazu einladen, eine Verbindung zu einem bestimmten Gegenstand einzugehen. Mein Kelch ist hierfür ein gutes Beispiel. Durch ihn kann sich eine klare Energie Ausdruck verschaffen.

Besonders energiereich ist ein Talisman, wenn er von Anfang an für diesen Zweck hergestellt wird, wobei während des ganzen Herstellungsprozesses vom Rohmaterial zum fertigen Artefakt immer wieder bewusst die gewünschten spirituellen Mächte und feinstofflichen Verbündeten angerufen und gebeten werden, den Talisman mit ihrer Kraft aufzuladen. So machte es mein Freund, als er das Sidhe-Tor für mich anfertigte.

Aber selbstverständlich kann man auch später jedes Artefakt »talismanisieren«. Zum Beispiel könnte ich das mit meiner Yoda-Figur tun. Dafür müsste ich mich entscheiden, ob ich eine Verbindung zu einem bestimmten feinstofflichen Verbündeten oder eher mit einer allgemeinen spirituellen Qualität herstellen will, wie beim Stofftier meines Kindes, oder ob ich das Artefakt mit einem »Sakramental« verbinden will, einem Deva- oder Engel-Bewusstsein. Letzteres erfordert einen deutlich größeren Aufwand. Ich muss mehr Energie und Konzentration aufwenden. Es ist nichts, das man mal eben nebenbei tut, so wenig, wie man sich mal eben nebenbei zum Geistlichen oder Priester weihen lässt, denn es ergeben sich daraus Konsequenzen und Verantwortlichkeiten. In meiner persönlichen Praxis würde ich niemals ein Objekt mit einem »Sakramental« verbinden, ohne es zunächst um Erlaubnis zu bitten und herauszufinden, ob das ihm innewohnende Leben einverstanden und kooperationsbereit ist, denn durch eine solche Ausrichtung auf das Heilige kann das Energiefeld eines Artefakts sich tiefgreifend verändern.

Der entscheidende Punkt, um den es mir hier geht, ist, dass ich, wenn meine Einstellung zu einem Artefakt auf Ganzheit und Harmonie ausgerichtet ist, eine feinstoffliche Umgebung erzeuge, in der jedes Techno-Elemental, das in Verbindung zu diesem Artefakt steht, ob es sich um ein Artefaktal, einen Reiter, einen Verbündeten oder ein Sakramental handelt, nicht nur mit der menschlichen Energie verbunden ist, sondern auch mit einem größeren spirituellen Kontext.

Im Laufe der Zeit geschah es dann, dass das menschliche Bewusstsein sich immer weiter von den feinstofflichen Welten abwandte. Das Wissen über diese Bereiche der Existenz und die Bereitschaft, sich auf sie einzustimmen, gingen immer mehr verloren. An ihre Stelle traten Ignoranz, Angst und skeptische Ablehnung. Immer mehr konzentrierten wir uns auf das menschliche Leben als grundlegend verschieden und losgelöst von der natürlichen Welt. In unseren Augen verlor die gesamte Natur das Persönliche, Beseelte. Tiere, Pflanzen, Landschaften, Flüsse, Seen – alles Natürliche wurde zu Objekten für die Nutzung durch den Menschen.

Folgerichtig veränderte sich die Absicht hinter der Herstellung unserer Artefakte und Werkzeuge dahingehend, dass die **Distanz** zu einer bewussten Einstimmung auf die spirituellen und feinstofflichen Energien immer mehr zunahm. Da Menschen in der Lage sind, formgebende Mächte zu channeln, kann die schöpferische menschliche Absicht, auch wenn wir uns dessen nicht länger bewusst sind, immer noch spirituelle Kraft in sich tragen, wenn wir das, was wir produzieren, lieben und segnen. Aber es ist nicht länger automatisch mit dem größeren Ökosystem des planetaren Ganzen verknüpft. So wie sich ein Haushund von einem Wolf unterscheidet, obwohl sie beide zur Familie der Hunde gehören, wurden die in die menschliche Kreativität involvierten feinstofflichen Wesen immer stärker »domestiziert« und vom Bewusstsein und der

Energie des Menschen geformt. Es entwickelten sich feinstoffliche Organismen, die sich an ein Leben in der feinstofflichen Umwelt der menschlichen Zivilisation angepasst hatten. So wurden die Techno-Elementale energetisch von ihren natürlichen Verwandten unterscheidbar.

Ich habe festgestellt, dass diese Unterschiede sogar bis auf die Ebene der Devas und Engel reichen. Der Engel einer Stadt ist anders als der Deva eines Waldes, obwohl sie eine vergleichbare Aufgabe erfüllen, nämlich einer bestimmten Lebensumgebung Licht und Segen zu spenden.

Mit dem Beginn der industriellen Revolution entstand eine nie dagewesene Massenproduktion. Die Herstellung von Gütern und Produkten verlagerte sich aus den Werkstätten der Handwerker und kleinen Manufakturen hin zum Einsatz von Maschinen, Dampfkraft, Fließbändern und Fabriken. Obwohl menschliche Kreativität und Einfallsreichtum weiterhin gegenwärtig sind (zumindest *noch*, denn zunehmend werden Artefakte mit Hilfe künstlicher digitaler Intelligenz entworfen und produziert), erfordert die eigentliche Herstellung der Produkte immer weniger direkte menschliche Beteiligung, je weiter die Automatisierung voranschreitet. Zwar werden die Produktionsprozesse nach wie vor von Menschen überwacht, aber das ist eine andere Art von Bewusstheit, als sie für eine tatsächliche schöpferische Absicht und Aktivität benötigt wird.

Diesen Zustand, in dem sich der größte Teil der modernen Welt befindet, bezeichne ich als **abgetrennt**. Wir sind immer noch Teil der natürlichen Welt, verhalten uns aber so, als wären wir es nicht. Dieses Gefühl des Abgetrenntseins und der Isolation wirkt sich zwangsläufig auch auf die feinstofflichen Wesen aus, deren Leben mit unserem eigenen verwoben ist: die Techno-Elementale. Es bringt Zustände hervor, in denen viele dieser

Wesen nicht ihr volles Potenzial entfalten können. Sie werden passiv und schläfrig, was die Gesundheit und Vitalität der feinstofflichen Umwelten, in denen wir leben, stark beeinträchtigt. Unser Dasein wird dadurch sehr viel ärmer.

Ich möchte noch einmal betonen, dass es sich bei diesen vier Stadien um Verallgemeinerungen handelt. Es gibt in der modernen Welt auch überall Menschen, die weiterhin große Wertschätzung für die Natur und die feinstofflichen Dimensionen empfinden und sich bewusst auf diese einstimmen. Es gibt Gebäude und andere Artefakte, die mit Liebe und Bewusstheit geschaffen werden, so dass sie optimal mit dem Fluss der gesunden feinstofflichen Energien verbunden sind. Nicht alle Techno-Elementale sind von ihren »wilderen Verwandten« oder den spirituellen Welten isoliert. Und doch sollten wir uns bewusst werden, dass viele Aspekte der modernen Zivilisation wirklich Distanz und Getrenntheit hervorrufen. Und heute steht uns durch die virtuelle Realität, die erweiterte Realität, die Künstliche Intelligenz und andere digitale Technologien eine noch stärkere Isolation bevor, ein Abdriften in Regionen, die ausschließlich aus der menschlichen Imagination geschaffen werden, völlig getrennt von unserer größeren physischen, feinstofflichen und spirituellen Umwelt.

Bis hierher habe ich über feinstoffliche Energien geschrieben, die in der nahe an unsere physische Wirklichkeit angrenzenden feinstofflichen Umwelt fließen. Es handelt sich dabei um lebendige Energien, die allem, was in materieller Gestalt existiert, Vitalität und Verbundenheit bringen. Aber es spielt hier noch eine andere Dimension eine Rolle, eine, für welche die Bezeichnung spirituell angemessen ist. In ihr wird das Leben nicht durch Ströme feinstofflicher Energien beeinflusst, sondern durch Resonanz und Präsenz.

Unsere Kreativität ist eine Manifestation unseres inneren Lebens, des Lebens der Seele ebenso wie dem des Geistes und der Emotion. Wenn unser inneres Leben großzügig und »warm« ist, erfüllt von einem Gefühl liebevoller Verbundenheit mit der Welt, dann umschließt, ja beseelt diese lebendige, spirituelle Wärme oder Ausstrahlung alles, was wir erschaffen. Wir füllen dann noch unsere praktischsten, alltäglichsten Werkzeuge mit einer liebevollen Qualität an, die ich als »Seelenwärme« beschreiben möchte. Selbst wenn wir uns dieses spirituellen Lebens, das unseren Gegenständen und Gerätschaften innewohnt, nicht bewusst sind, wird das artefaktale Leben in ihnen dennoch von uns gesegnet und energetisiert, solange unser inneres Leben reich an Freude und Liebe ist.

Ist aber unser inneres Leben eng, entfremdet, »kalt«, mangelt es uns an Freude und Seelenwärme, strahlen wir auch keine liebevolle Wärme auf die Dinge aus, die wir erschaffen. Sie mögen schön anzusehen sein, aber es fehlt ihnen an der segensreichen Wirkung unserer eigenen Seelenwärme. Auch sie werden kalt. Das geschieht, wenn unsere Schöpfungen aus Selbstsucht und reinem Nützlichkeitsdenken geboren werden, so dass alles für uns keinen Wert in sich hat, sondern nur Mittel zum Zweck ist. In einer solchen Situation sorgen wir nicht für die Lebendigkeit der Dinge an sich. Stattdessen knüpfen wir ihre Identität an die Bedingung, dass sie uns zur Erfüllung unserer eigenen Zwecke dienen sollen. Und diese Zwecke können durchaus gleichgültig gegenüber dem Wohl anderer und der Menschheit sein oder der Welt als Ganzes und stattdessen ganz auf die Befriedigung unserer persönlichen Gier ausgerichtet. Dabei muss es sich nicht unbedingt um Geldgier handeln. Es kann auch die Gier nach Macht oder Anerkennung sein, aber all dies führt uns in die innere Isolation, statt dass wir einen Beitrag zum großen Ganzen leisten.

Immer schon gab es Menschen, die aus einem reichen, liebevollen inneren Leben positive Energie für ihr äußeres Leben schöpften, vor allem für ihre kreativen Aktivitäten. Und immer schon gab es Menschen, die das nicht taten. Doch je stärker sich die menschliche Zivilisation auf das Materielle fokussierte und die natürliche Welt nur noch als Ressource zur ungehemmten Ausbeutung begriff statt als Partner, desto mehr schwand unser kollektives inkarniertes Seelenleben dahin. Das wirkt sich auf das innere Leben der Welt aus, die wir erschaffen, und damit auf uns selbst.

Diese materialistische Weltsicht, die uns dazu verleitet, das innere Leben der uns umgebenden Welt – und insbesondere der von uns erschaffenen Artefakte – zu leugnen oder zu ignorieren, ist aber nicht die einzige Herausforderung, vor der wir stehen. Zusätzlich sind wir heute mit einer völlig neuen »Spezies« elementarer Wesen und Energien konfrontiert, die eng mit unserem Leben verwoben ist. Dabei handelt es sich um die Techno-Elementale der Elektrizität.

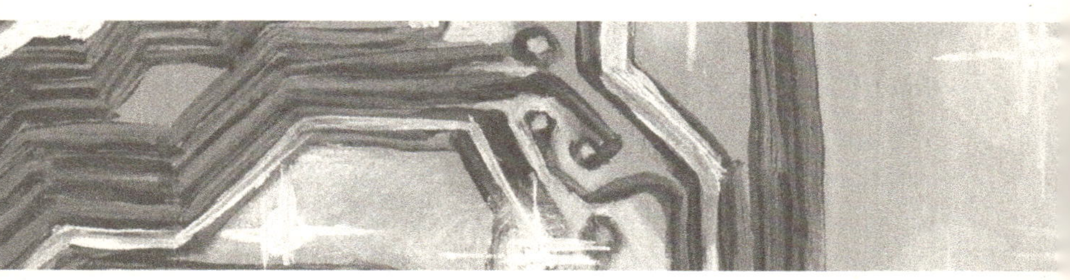

FELDNOTIZ 12

FRANKLINS SCHLÜSSEL

Im Sommer 1752 befestigte Benjamin Franklin einen Schlüssel aus Metall an der feuchten Schnur eines Drachens. Dann lenkte er ihn in ein Gewitter. Als der Drache vom Blitz getroffen wurde und Funken von dem Schlüssel auf Franklins Hand übersprangen, wusste er, dass Blitze und Elektrizität das Gleiche waren.

Obwohl das Phänomen der Elektrizität seit Jahrtausenden bekannt war, wurde es erst seit Mitte des siebzehnten Jahrhunderts wissenschaftlich erforscht. Und von da an vergingen noch hundert Jahre, bis seine Eigenschaften begriffen und ernst genommen wurden, statt sie als bloße Kuriosität zu betrachten. Franklin gehörte zu den Pionieren dieser neuen Einstellung gegenüber der Elektrizität. Mit seinen Experimenten bereitete er den Weg für die intensive wissenschaftliche und praktische Erforschung elektrischer Phänomene, wodurch sich aufregende technische Möglichkeiten eröffneten.

Die erste praktische Anwendung des neuen Wissens war die Erfindung und Entwicklung des Telegrafen im Jahr 1840. Es dauerte nicht lange, und Telegrafendrähte wurden zu weithin anzutreffenden Bestandteilen der technologischen Landschaft.

1872 wurde ein Dynamo entwickelt, der mechanische Energie in elektrische umwandeln konnte, was zur Entstehung der modernen Elektrizitätsversorgung führte. Die erste Anwendung dieser Energie im großen Stil erfolgte durch den Einsatz von Lichtbogenlampen. Eine rasche Expansion erlebte die elektrische Stromversorgung, als Thomas Edison 1880 die Glühbirne erfand. Edison – der »Zauberer von Menlo Park« – war der eigentliche Wegbereiter des neuen elektrischen Zeitalters. Er riss die Tür weit auf, die Franklin mit seinem Schlüssel aufgeschlossen hatte.

Mit Hilfe dieser Technologie entstand eine Umwelt, die anders als alles war, was Menschen in früheren Epochen erschufen. Während ich hier an meinem Schreibtisch diese Worte schreibe, bin ich tief in diese elektronische Umwelt eingetaucht. Zusätzlich zu der offensichtlichen Präsenz meines Computers befinden sich in meiner Nähe ein Drucker, ein CD-Player und Lampen. In allen Wänden meines Hauses sind elektrische Leitungen verlegt. In anderen Zimmern gibt es weitere elektrische Geräte, zum Beispiel einen Fernseher, mehr Lampen, noch einen Computer, einen Elektroherd mit Backofen und Telefone. Außerhalb des Hauses gibt es Straßenlaternen, Telefonleitungen und Stromkabel. Dennoch lebe ich in einer Umgebung, die reich an Bäumen ist. Würde ich in einer Stadt wohnen, wäre ich von noch viel mehr elektrischen Geräten und Feldern umgeben.

Dabei habe ich all die von Fernseh- und Rundfunksendern ausgestrahlten elektromagnetischen Wellen, die mein Haus durchdringen, noch gar nicht erwähnt, ebenso wie die Funkwellen von den Sendemasten für unsere Handys.

Es gab eine Zeit, da war die natürliche Welt die dominierende Umwelt. Selbst die Menschen, die in Städten lebten, waren nicht weit von der Natur entfernt, kamen doch alle ihre Baumaterialien von dort: Stein, Marmor, Holz und Eisen.

Doch seit der Erfindung des Telegrafen ist die elektrische Umwelt immer mehr gewachsen, vor allem nach dem Ende des Zweiten Weltkriegs, und mit noch größerer Geschwindigkeit in den letzten dreißig Jahren, während denen die elektronische Technologie immer ausgeklügelter, miniaturisierter, allgegenwärtiger und mächtiger wurde. Längere Stromausfälle würden heute zum Zusammenbruch unserer Zivilisation führen. Zum ersten Mal in unserer Geschichte sind wir von einer anderen Umwelt abhängig als der natürlichen. Die elektromagnetische Umwelt ist zum dominierenden Faktor in unserem Leben geworden. Und dies geschah nicht durch eine langsame Entwicklung im Laufe mehrerer Jahrhunderte. Es ereignete sich, in geologischen Zeiträumen betrachtet, buchstäblich im Handumdrehen. Es ist, als wären wir in einer Welt zu Bett gegangen und in einer völlig anderen aufgewacht.

Die Techno-Elementale, von denen in diesem Buch bis jetzt die Rede war – jene, mit denen ich am besten vertraut bin –, sind seit Jahrtausenden Teil des menschlichen Lebens. In gewisser Weise sind wir und sie gemeinsam erwachsen geworden. Auch die Elektrizität ist Teil der Natur, aber vor dem Beginn des zwanzigsten Jahrhunderts war sie, vom elektrischen Licht abgesehen, nicht Bestandteil der Lebenswelt der meisten Menschen. Heute ist sie ein sehr wesentliches Element (wenn nicht das dominierende) der Umwelt, in der drei Viertel der Menschheit leben.

Zwischen den von mir bisher beschriebenen Techno-Elementalen und den mit der Elektrizität assoziierten Intelligenzen und Energien, die ich »Elektro-Elementale« nenne, besteht ein wichtiger Unterschied. Zum Einen ist Elektrizität keine Substanz wie Stein, Metall, Plastik und Holz. Sie ist eine Kraft. Tatsächlich ist sie Ausdruck einer der vier Grundkräfte des Universums: Schwerkraft, Elektromagnetismus, starke und schwache

Wechselwirkung. Elektro-Elementale sind reiner Ausdruck einer feinstofflichen Präsenz und Energie, bei der es sich um eine universale Kraft handelt.

In ihrer Interaktion mit der Menschheit agieren Elektro-Elementale nicht als Hybride. Sie sind nicht aus einer Vermischung mit menschlichen Energien und Absichten entstanden wie die Artefaktale. Wie Wasser und Feuer können wir auch die Elektrizität lenken und nutzen, aber sie bleibt eine eigenständige Kraft. Wir können sie nicht in der Weise gestalten wie Holz oder Stein, Metall oder Ton. Wir müssen uns eher an die Elektrizität anpassen als umgekehrt.

Was den Kontakt mit der feinstofflichen Natur der Elektrizität oder der Elektro-Elementale angeht, habe ich nur wenig Erfahrung. Ich bin mir bewusst, welche Auswirkungen sie auf unsere eigenen Energiefelder haben, aber es fällt mir schwerer als bei anderen Techno-Elementalen, eine direkte Verbindung zu ihnen herzustellen. Ich kann nur eine Reihe von Eindrücken schildern. Auf diesem Gebiet ist noch viel innere und äußere Forschung nötig. Ich hoffe, dass meine eigenen Erlebnisse hilfreich für Menschen sein werden, die sich zu weiteren Forschungen auf diesem Gebiet berufen fühlen.

Weil Elektrizität eine Kraft – ein Energiestrom – und keine Substanz ist, gibt es kein physisches Objekt, das ich anschauen oder anfassen kann, um es als Ausgangspunkt für Kontakt und Resonanz zu nutzen (schließlich möchte ich keinen unter Strom stehenden elektrischen Draht anfassen!). Auch Feuer kann ich nicht anfassen, um zu seiner Energie Verbindung aufzunehmen, aber ich kann zumindest eine Kerze in der Hand halten und so die Gegenwart einer Flamme erleben. Dennoch bin ich überall von Elektrizität in der einen oder anderen Form umgeben (einschließlich der bioelektrischen Aktivität in den Zellen meines Körpers). Als Fokuspunkt entschied ich mich für eine Steckdose in der Wand meines Hauses und projizierte mein Bewusstsein dort hinein.

Zunächst gelang es mir nicht, einen Kontakt zu irgendetwas herzustellen (auch wenn ich mir der Artefaktale in der Hauswand bewusst war). Doch dann berührte mein Bewusstsein eine gewaltige Präsenz, die sich endlos in die Weite des Raumes erstreckte. Interessant erschien mir, dass diese Präsenz selbst nicht besonders energiereich wirkte; sie fühlte sich tatsächlich wie eine kalte, unpersönliche Leere an. Anfangs war das kein einladender Kontakt, wenn auch nichts offen Feindseliges oder Negatives von ihm ausging. Die Präsenz fühlte sich einfach völlig nicht-menschlich an, viel ferner und fremder als die Elemente Stein, Feuer, Wasser und Luft.

Diese Übung wiederholte ich mehrfach, wobei ich jedes Mal zu einer etwas besseren Resonanz mit der Präsenz gelangte. Als ich vertrauter mit ihr wurde, benötigte ich die Steckdose nicht länger als imaginäre Kontaktstelle, sondern konnte unmittelbar Verbindung zu dieser Form kosmischen Lebens aufnehmen.

Als ich in der früheren Fassung dieses Buches zum ersten Mal über diesen Kontakt schrieb, sprach ich von der Begegnung mit einer »kalten Sonne«, einer Quelle unpersönlichen Lichts, das mir sehr »mental« vorkam, ohne die Wärme des spirituellen Lichts unserer Sonne. Damals hatte ich den Eindruck, dass der Einfluss dieser »kalten Sonne« elektro-elementalen Bewusstseins für Menschen schädlich sein könnte, weil es eine Kühle des Intellekts in uns wachruft und betont, die nicht durch die Liebe des Herzens ausbalanciert wird.

Inzwischen habe ich aber erkannt, dass diese Beobachtung unvollständig war. Ich war einfach noch nicht tief genug gegangen, hatte diesen Engel oder Deva der Elektrizität und des

Elektromagnetismus noch nicht in der ganzen Fülle seines Seins erlebt. Ja, er war unpersönlich, aber als ich das transzendiert hatte, entdeckte ich eine liebevolle Präsenz, die auf ihre Art warm war und mich willkommen hieß.

Wenn man sich intensiver auf den Kontakt einließ, strahlte diese Präsenz eine absolute Bereitschaft aus, dem Leben zu dienen. Als eine der Grundkräfte, auf denen das physikalische Universum beruht, ist sie unverzichtbar für die Existenz physischen Lebens. Sie hat keine besondere Beziehung zu irgendeiner bestimmten Form, die dieses Leben annehmen kann (organisch oder anorganisch), daher das unpersönliche Gefühl, aber sie ist auf liebevolle Weise mit dem Leben selbst und seinen Manifestationen verbunden.

Darüber hinaus wirkt sie offenbar unmittelbar an den Prozessen mit, durch die aus höheren Frequenzen des Geistes stammende kreative Impulse sich im physischen Universum manifestieren; das heißt, sie ist am eigentlichen Prozess der Manifestation beteiligt und liefert feinstoffliche Energien oder Pfade, auf denen Ideen Form und Substanz annehmen können.

Gibt es in der gleichen Weise, wie es Elementargeister von Feuer und Wasser, Erde und Luft gibt, auch Elementargeister von Elektrizität und Elektromagnetismus? Ich glaube ja. Einige meiner Schüler haben sie gesehen und berichtet, sie sähen aus wie »Reddy Kilowatt«, die Zeichentrickfigur, deren Körper aus Blitzen besteht, mit einer Glühbirne als Kopf – im Jahr 1926 entworfen von Ashton B. Collins für eine Werbekampagne der Alabama Power Company. Für mich haben sie nie so ausgesehen, aber das überrascht mich nicht, denn ich weiß, dass feinstoffliche Wesen uns in einer Gestalt erscheinen können, die den Bildern unserer eigenen Imagination entspricht. Mein Eindruck ist, dass solche Elektro-Elementale in der Regel keine klar definierte Gestalt haben, sondern eher wie Bewusstseinspunkte sind, die aus dem elektrischen Fluss auftauchen, um eine Funktion zu erfüllen, und dann wieder im Fluss untertauchen. Sie scheinen normalerweise unfähig zu sein, eigenständig wie zum Beispiel das Elemental eines Steins zu existieren. Aber vielleicht unterliege ich hier einem Trugschluss, der auf meine eigene eingeschränkte Wahrnehmung zurückzuführen ist.

Andererseits habe ich auch schon eine starke Emanation von Neugierde verspürt, wenn ich mich auf die Domäne der Elektro-Elementale einstimmte. Diese Wesen – oder vielleicht handelt es sich um ein einziges Bewusstseinsfeld – standen historisch nie in engem Kontakt zur Menschheit, ausgenommen auf der zellulären, biologischen Ebene. Doch jetzt, innerhalb von weniger als zweihundert Jahren, wurden sie von uns in einen engen, ständigen Kontakt gedrängt. Es ist, als würden in den Weiten des Weltraums zwei außerirdische Spezies aufeinandertreffen und versuchen, sich zu verständigen und herauszufinden, wie sie zueinander am besten in Beziehung treten können. Ich habe den Eindruck, dass Elektro-Elementale in spezielle Gestalten schlüpfen, um uns zu studieren und unsere Lebensweise zu verstehen, damit sie auf kreativere Weise mit uns interagieren können. Sie stellen sich, im Rahmen ihrer Möglichkeiten, auf uns ein.

Zum Beispiel saß ich eines Morgens in meinem Wohnzimmer, als ein feinstoffliches Wesen vor meinem inneren Auge erschien. Es war von menschlicher Gestalt, wenn auch vage, und hatte etwas Feminines. Erst dachte ich, sein Körper wäre schwarz, doch dann wurde mir klar, dass er nicht eigentlich schwarz war, sondern gänzlich ohne Farbe, jedenfalls ohne eine mir bekannte Farbe. Doch umgeben war seine Gestalt von einem flimmernden blauweißen Rand, der sie als Umriss für mich sichtbar machte.

In gewisser Weise war es, als würde ich durch ein Tor, das wie der Umriss eines menschlichen Körpers geformt war, in die Dunkelheit des interstellaren Raumes blicken.

Das mag zunächst etwas beklemmend wirken, aber dann erwies die Präsenz dieses Wesens sich als freundlich und beruhigend. Seine Schwingung hatte eindeutig etwas Feminines. Es sagte, es sei eine Emanation des elektrischen Feldes, das von dem in meinem Haus durch die Leitungen und diversen Geräte fließenden Strom erschaffen werde. Dabei legte es Wert darauf, dass es nicht mit einem bestimmten Artefakt verknüpft sei, sondern mit dem elektrischen Feld selbst. »Ich wurde geboren durch den in deinem Haus fließenden elektrischen Strom«, sagte es. Darin erinnerte es mich stark an einen Wasser-Elementargeist, der vom Fluss selbst hervorgebracht wird und nicht von einzelnen Segmenten der Flusslandschaft.

Es sagte, es sei hier, um mir als Kontakt zur Elemental-Domäne der »Elektrikalen« zu dienen. Mein deutlicher Eindruck war, dass die tiefere spirituelle (Engel- oder Deva-)Intelligenz hinter dem Phänomen der Elektrizität dieses Wesen erschaffen hatte, weil das meinem menschlichen Bewusstsein Kommunikation und Verständigung erleichterte. So wie mir Maus und Tastatur die Kommunikation mit der Maschinenintelligenz meines Computers ermöglichen, die sonst für mich unverständlich wäre, diente dieses Wesen als eine Art »Benutzeroberfläche«. Sie sollte es mir ermöglichen, mit diesem für mich sonst sehr fremden, nichtmenschlichen Bewusstsein in Kontakt zu treten.

Dieser Kontakt ereignete sich, während ich an diesem Buch arbeitete. Ich hatte noch keine Gelegenheit, ihn weiter zu verfolgen. Aber das werde ich demnächst auf jeden Fall tun, denn es gibt noch viel mehr über diesen potenziellen Elemental-Verbündeten zu lernen.

Diese Nachforschungen haben noch einen anderen Aspekt. Wenn ich das Energiefeld, das meinen Kelch oder meine Yoda-Figur umgibt, mit dem um meine Lampe oder meinen Tintenstrahldrucker vergleiche, gibt es bei Letzteren eine zusätzliche Schicht feinstofflicher Energie, die mit der Elektrizität als Bestandteil der Funktion dieser Geräte zusammenhängt. In diesem Sinn wird das mit dem Objekt verbundene Artefaktal von der Präsenz elektrischen Stroms und dessen feinstofflicher Aspekte beeinflusst. Das Artefaktal wird sozusagen »elektrifiziert« und damit zu einer neuen Art von Hybridwesen, das zusätzlich zu seiner Artefaktal-Natur Aspekte aus der Domäne der Elektro-Elementale beinhaltet.

Das gilt auch für Leitungen, durch die Strom fließt. Wir benutzen keine in der Natur frei vorkommende Elektrizität, wie sie bei Gewittern auftritt. Wir verwenden leitfähige Materialien (obwohl der österreichische Elektroingenieur Nikola Tesla schon Anfang des zwanzigsten Jahrhunderts experimentell bewies, dass sich Strom drahtlos übertragen lässt). Das bedeutet, dass ein Elektro-Elemental uns auf eine Weise erscheinen kann, bei der es Eigenschaften der leitfähigen physikalischen Substanz demonstriert, durch die der elektrische Strom fließt.

Aus diesem Grund bin ich bei meinen weiteren Beobachtungen zu dem Schluss gelangt, dass es sich bei einigen der Wesen, die ich anfangs für Elektro-Elementale hielt, in Wirklichkeit um »elektrifizierte Artefaktale« handelt. Ihr Bewusstsein und ihre Energie wird nicht nur durch den Kontakt und die Vermischung mit den menschlichen Energien verstärkt, sondern auch durch die Elektrizität, die durch sie fließt oder sie energetisiert. Ihre artefaktale Energie wird zum Leiter für die Entfaltung elektro-elementalen Lebens. Wenn ich mich darauf einstimme, gewinne ich den Eindruck, dass das »elektrifizierte Artefaktal«

das lebendige Feld des Objekts selbst verkörpert und gleichzeitig den Elektro-Elementalen ermöglicht, als permanente »Reiter« zu agieren, die mit dem Objekt verbunden sind.

Zum Abschluss dieser Feldnotiz füge ich hier noch einmal die ursprüngliche Abbildung 5 zum Thema Techno-Elementale und feinstoffliche Energiefelder ein, diesmal jedoch ergänzt um das Elektro-Elemental-Feld mit seinen Fokuspunkten eines elektro-elementalen Bewusstseins.

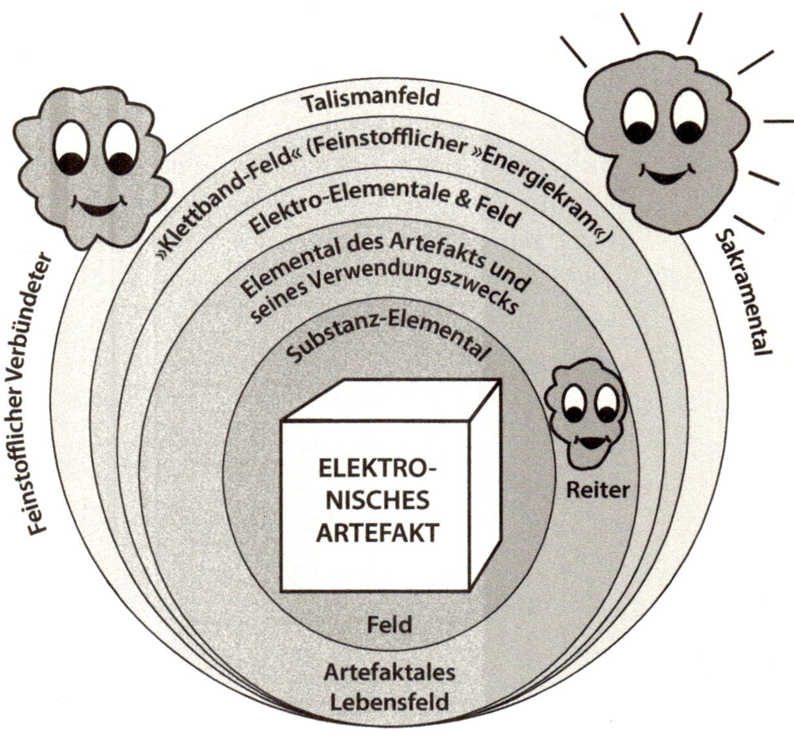

Abb. 6. Anatomie eines Artefaktals: Techno-Elementale und ihre feinstofflichen Energiefelder, einschließlich des Elektro-Elementals

FELDNOTIZ 13

DER GRAL DER EVOLUTION

Um es Ihnen zu ermöglichen, unsere Situation im Umgang mit Techno-Elementalen wirklich wertzuschätzen, möchte ich Sie auf ein wichtiges Phänomen des Lebens und der Evolution von feinstofflichen Organismen aufmerksam machen, jedenfalls so, wie ich sie erlebe und verstehe. Dies gilt für alle feinstofflichen Organismen, seien es Elementale, Naturgeister, Devas, Engel oder Techno-Elementale. Es gilt sogar für uns selbst, wobei wir allerdings, auch wenn das nicht sofort offensichtlich ist, darauf konditioniert sind, die Welt durch die Linse unserer Individualität zu betrachten, vor allem in der westlichen Kultur.

Einfach ausgedrückt ist in den feinstofflichen Welten jede Art von Evolution kollektiver Natur. Der individuelle feinstoffliche Organismus mag durch Erfahrung und Stimulation seine spezielle Natur und Funktion entwickeln und intensivieren, doch findet die Evolution innerhalb von Netzwerken und Beziehungsgeflechten statt. Anders gesagt: Evolution geschieht nicht in einem Vakuum.

Um das näher zu erklären, kehre ich zu den in Feldnotiz 5 beschriebenen acht Funktionen zurück: Identität, Organisation, Austausch, Stoffwechsel, Generativität, Verbundenheit, *Holopoiesis* und Sichtbarwerden. Bei allen feinstofflichen Organismen ist jede dieser Funktionen vorhanden, wenn auch, wie wir gesehen haben, die einzelnen mehr oder weniger stark ausgeprägt sind. Diese acht Funktionen lassen sich vier Gebieten zuordnen. Identität und Organisation wirken im Kern des Bewusstseins, um die Grundnatur, das Sein eines feinstofflichen Organismus zu etablieren. Man kann sie sich also als in einem »inneren Kreis« der Konzentration und Absicht wirkend vorstellen, einem Kreis, der für den Organismus die Funktion des Aufrechterhaltens erfüllt, also der Stabilisierung seiner einzigartigen Natur und Funktion.

Bei Austausch, Stoffwechsel und Generativität handelt es sich zusammengenommen um »feinstofflich physiologische« Funktionen, die nicht nur Gesundheit und inneres Gleichgewicht des Organismus bewahren, sondern ihm auch die Interaktion mit seiner Umwelt ermöglichen. Hier handelt es sich meines Erachtens um einen »äußeren Kreis« der Verarbeitung und des Austausches.

Allerdings sind die Austauschprozesse, die auf dieser »feinstofflich physiologischen« Ebene stattfinden, sehr einfacher Natur, zum Beispiel das Aufnehmen energetischer Nahrung und im Austausch die Erzeugung von Energien. Das geschieht im Wesentlichen automatisch. Das Energiefeld des Organismus absorbiert, was er aus seiner feinstofflichen Umgebung benötigt, und gibt dafür feinstoffliche Energie an diese Umgebung ab.

Um jedoch Verbundenheit, *Holopoiesis* und Sichtbarwerden zu aktivieren, die drei letzten Funktionen, braucht es eine bewusste Absicht. Sie funktionieren nicht unbewusst und automatisch, der Organismus kann zu ihrer Aktivierung aber Hilfe von außen erhalten. Diese drei Funktionen sind Ausdruck von Liebe in Aktion, begleitet vom Willen, Verbundenheit herzustellen, Ganzheit zu erschaffen und sich zu entwickeln.

Wenn durch Absicht eine liebevolle und *holopoietische* Beziehung geschaffen wird – was bedeutet, dass die sich miteinander verbindenden Organismen danach streben, gemeinsam Heilung und Ganzheit zu erzeugen –, entsteht ein zusätzliches Element. Es handelt sich um das Produkt einer mitschöpferischen Synergie, bei der das Ganze größer ist als die Summe seiner Teile.

Ich nenne das, was da entsteht, einen »Raum« oder ein Feld feinstofflicher Präsenz, Energie und Möglichkeit. Dieses Feld ist es, das dann *Sichtbarwerden* möglich macht, das heißt das Erscheinen und die Entfaltung von etwas Neuem oder einer evolutionären Veränderung. Ein im Schöpfungsmysterium – der Gegenwart Gottes – enthaltenes Potenzial erhält Raum und Gelegenheit, sich zu offenbaren. Die »im Stein schlafenden Figuren« werden befreit.

Ich nenne diesen Raum, dieses Feld des Sichtbarwerdens, den »Gralsraum«. Dass wir lernen, in unserer Umgebung Gralsräume zu schaffen, ist eine zentrale Praxis der Inkarnations-Spiritualität. In einem solchen Raum werden spiritueller Fortschritt, Entfaltung und Evolution für alle möglich, die an der Erschaffung dieses Raumes beteiligt sind. In der christlichen Tradition ist der Heilige Gral das Gefäß, in dem das Blut Christi aufgefangen wurde. Er verkörpert also die Gegenwart und die Qualitäten des Heiligen. Dass ich dieses Feld des Sichtbarwerdens »Gralsraum« nenne, dient dazu, diese Idee zu ehren, weil der Gral auch das Gefäß ist, das die evolutionäre Kraft des Heiligen enthält – die Absicht des Heiligen, sich selbst durch die Instrumente der Schöpfung zu offenbaren.

Hier, in Abbildung 7, zeige ich die acht Funktionen und die Beziehungen, die den Gralsraum hervorbringen und das Sichtbarwerden erst ermöglichen:

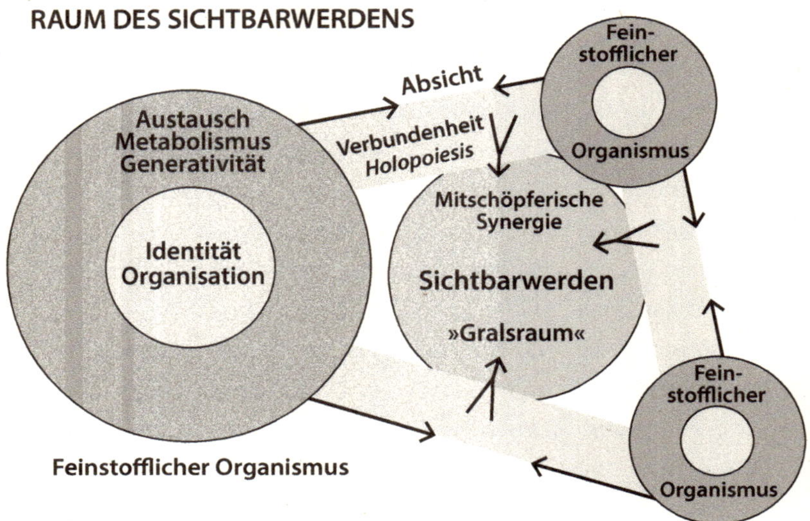

Abb. 7. Sichtbarwerden als gemeinsame Funktion

Die meisten Elementale und Artefaktale sind entweder simpel in ihrer inneren Struktur oder auf eine bestimmte Aufgabe fokussiert. Beide Zustände haben zur Folge, dass sie unfähig sind, aus sich heraus die Absicht und Energie aufzubringen, die *holopoietischen* Verbindungen aufzubauen, die notwendig sind, damit der Gralsraum sichtbar werden kann. Sie benötigen dazu Hilfe von außen, und diese Hilfe kommt normalerweise von höheren Bewusstseinsfrequenzen wie Naturgeistern, Devas und Engeln. Komplexere feinstoffliche Organismen können innerlich ein Feld des Sichtbarwerdens für den Gralsraum erzeugen, da sie selbst lebendige Systeme der Beziehung und Verbundenheit sind und die Qualitäten von Willenskraft und Liebe aufzubringen vermögen, die dafür benötigt werden. Das bedeutet, dass ihre Evolution zum Teil innerlich und selbstgesteuert erfolgt. Doch gibt es Ebenen der Evolution, die selbst das höchstentwickelte Wesen nicht allein bewerkstelligen kann, sondern nur in Kooperation und mitschöpferischer Synergie mit anderen.

Als inkarnierte Menschen sind auch wir komplexe feinstoffliche Organismen, jedenfalls in den nicht-physischen Dimensionen unseres Wesens. Jeder Mensch stellt ein Gemisch aus vier verschiedenen Funktionsebenen dar: physisch oder physiologisch, psychologisch, spirituell und feinstofflich energetisch. Alle vier sind für unsere Gesundheit und unser Wohlbefinden unverzichtbar und bilden Elemente des Netzwerks innerer Beziehungen, aus denen sich unser ganzheitliches, integriertes Inkarnationssystem zusammensetzt. Wird dieses System durch Absicht und Liebe auf die richtige Weise aktiviert, können wir unseren eigenen inneren Gralsraum erschaffen, eine für unsere spirituelle Evolution sehr wesentliche Praxis.

Kein Organismus, sei er feinstofflich oder physisch, existiert isoliert von seiner Umwelt. Deshalb ist es für die Integration und Ganzheit eines jeden Wesens notwendig, Beziehungen mit der umgebenden Welt einzugehen und mit ihr zu interagieren. Das veranschauliche ich in Abbildung 8. Beachten Sie, dass jedes Element innerhalb dieses Systems mit jedem anderen Element verbunden ist und alle sich untereinander beeinflussen. Diese Interaktionen können jedoch behindert und eingeschränkt werden. Zum Beispiel kann ich ganz in meiner Gedankenwelt leben, meinen Körper, meine Seele und mein feinstoffliches Energiefeld ignorieren und meiner Umwelt nur minimale Aufmerksamkeit widmen. Oder ich kann mich ganz auf mein körperliches und psychologisches Wohlbefinden fokussieren und die feinstoffliche Seite meines Seins und das Wohlergehen meiner Mitmenschen ignorieren. Andererseits kann ich aber auch meiner nicht-physischen Seite zu viel Aufmerksamkeit widmen, übermäßig asketisch werden und danach streben, meine Persönlichkeit zu »überwinden« oder gar zu eliminieren, wodurch die Gesundheit und Entwicklung meines Geistes, meines Gefühlslebens und meines Körpers Schaden nehmen würden.

Alle diese Bestrebungen, eine Seite unseres Wesens gegenüber den anderen zu privilegieren – oder extremes Verhalten, sei es Selbstsucht, bei der man die Welt ignoriert, oder völlige Aufopferung im Dienst für andere, bei der man sich selbst ignoriert –, beeinträchtigen unsere Integration und Ganzheit und erschweren die Entfaltung eines inneren Gralsraumes erheblich.

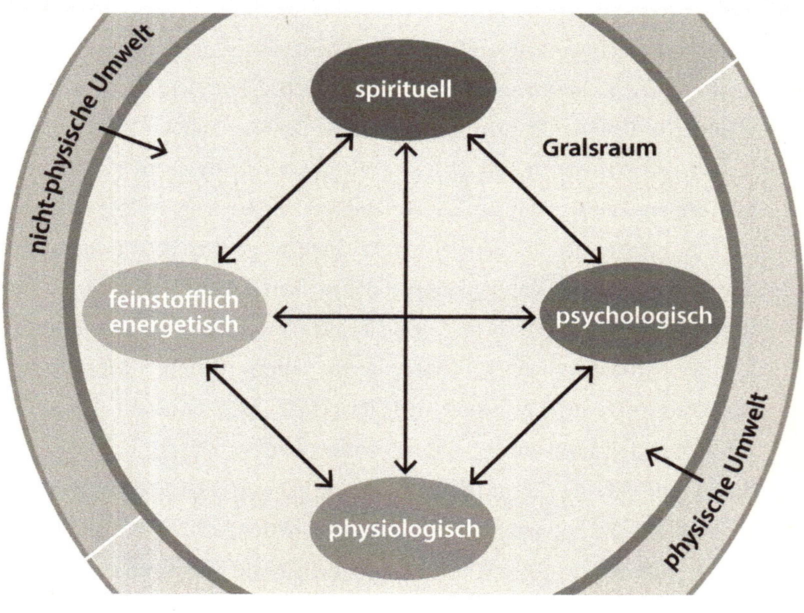

Abb. 8. Ein integriertes Inkarnationssystem erzeugt einen Gralsraum

Ein Ziel der Inkarnations-Spiritualität besteht darin, diese fünf Elemente (die vier Funktionsebenen plus die Umwelt) und die ko-kreativen, also mitschöpferischen Beziehungen zwischen ihnen zu ehren. Mit liebevoller Absicht und Aufmerksamkeit können wir in uns selbst und zwischen uns und unserer Umwelt einen Zustand der Heilung und Ganzheit erschaffen, der sowohl in uns wie auch um uns herum den Gralsraum entstehen lässt.

Um das zu erreichen, müssen wir die in unserer Kultur so verbreitete materialistische Weltsicht transzendieren. Man bringt uns bei, Teile unseres Seins zu ignorieren. Aspekte unserer Natur werden weggelassen. Unsere Gesellschaft ist in erster Linie auf die psychologischen und physiologischen Funktionsebenen fokussiert. Zwar spielt die spirituelle Dimension im Leben vieler Menschen eine wichtige Rolle, sie wird aber oft in einer Weise dargestellt, dass sie uns fern und unzugänglich erscheint. Und was die feinstoffliche Seite unseres Seins angeht, herrschen weitgehend Unwissenheit, Ignoranz und falsche Vorstellungen.

Eine weitere Schwierigkeit besteht für uns häufig darin zu lernen, welchen Wert sowohl das Individuum wie auch die Gruppe haben. Jedes Wesen, wie komplex und fortgeschritten es auch sein mag, kann sich nur bis zu einem gewissen Punkt allein weiterentwickeln. Hierfür gibt es eine natürliche Grenze, denn die Evolution ist ein kollektives Unterfangen. Diese Grenze können wir nur überschreiten, indem wir liebevolle und *holopoietische* Verbindungen zu unserer Umwelt knüpfen.

Das gilt ganz gewiss auf der Seelenebene, wo unsere Seelen als einander unterstützende evolutionäre Cluster und Gruppen zusammenwirken – und aus der Seele kommende Gralsräume erschaffen. Wenn die Entwicklung unseres Bewusstseins und unserer Spiritualität unser Ziel ist, dann brauchen wir einander und brauchen die Welt in all ihren Dimensionen.

Wenn wir das ganze Universum sozusagen »von oben nach unten« betrachten, mit all seinen Verknüpfungen, Beziehungsgeflechten und wechselseitigen Abhängigkeiten, dann sehen wir einen kosmischen Gralsraum, einen Gral der Evolution, in dem und durch den sich das Heilige offenbart. Im ganzen Spektrum des Seins, von der Galaxie bis zum Atom, gilt das Prinzip der Evolution durch interaktive Verbundenheit.

Dieser Prozess ist dynamisch. Ständig werden neue Bindungen und Beziehungen gefunden und geformt, von denen manche nur kurz existieren, andere dagegen Äonen überdauern. Wenn Beziehungsmuster sich überlebt haben, brechen sie auseinander und lösen sich auf, wodurch etwas Neues ihren Platz einnehmen kann. Während das geschieht, verschwinden Gralsräume und andere Gralsräume entstehen.

Doch manchmal geschieht es auch, dass Beziehungen zur Unzeit geschwächt oder zerstört werden. Ein Gral kann zum Beispiel zerbrochen oder an seiner wirklichen Ausformung gehindert werden, bevor er seine Funktion überhaupt erfüllen konnte. Das Sichtbarwerden von etwas Wesentlichem wird blockiert oder zurückgewiesen. In solchen Situationen entfaltet das Leben nicht seine vollen Potenziale.

So ist die Lage, in der viele Techno-Elementale sich im Umgang mit der Menschheit befinden. Wenn wir die Gründe dafür verstehen, ermöglicht uns das, Lösungen für die Probleme zu finden, die den Techno-Elementalen zu schaffen machen. Damit werde ich mich in der nächsten Feldnotiz befassen.

FELDNOTIZ 14

DIE BESCHÄDIGTE BRÜCKE

In Feldnotiz 6 beschrieb ich das Wirken jener Mächte, die ich als »formgebend« bezeichne. Eine solche formgebende Macht oder Kraft ist nicht nur dadurch gekennzeichnet, dass sie schöpferisch ist, sondern auch, dass sie dabei Liebe, Freude und die *holopoietischen* Qualitäten des Heiligen zur Entfaltung bringt. Das, was die formgebenden Mächte erschaffen, trägt zur Manifestation von Ganzheit im Universum bei. Es offenbart das Einssein des Schöpferischen Mysteriums.

Die formgebenden Mächte Gaias, der Seele von Mutter Erde, manifestieren sich in Gestalt der Devas, Naturgeister und Elementale. Ein Resultat ihrer schöpferischen Arbeit ist die natürliche Welt, wie wir sie kennen und erleben.

Auch die Menschheit ist auf der Seelenebene eine formgebende Macht, die sich durch die Imagination, die Absichten und das Können der inkarnierten Menschen manifestiert. Ein Resultat unseres schöpferischen Wirkens ist die aus unseren Artefakten bestehende menschliche Lebenswelt, von Büroklammern und Sofas zu Zyklotronen und Reagenzgläsern, und von Jumbo-Jets zu Computern und Bürogebäuden.

Wie von mir beschrieben, manifestieren sich diese Artefakte in den feinstofflichen Dimensionen als feinstoffliche Hybrid-Organismen, als Artefaktale und die an sie andockenden Reiter, Verbündete und manchmal Sakramentale, die zusammen die übergeordnete Kategorie der Techno-Elementale bilden.

In einer idealen Welt würde der Bereich der menschengemachten Artefakte eine neue Form der »Hybrid-Natur« bilden, und die Techno-Elementale wären einfach eine andere Sorte von Elementar- und Naturgeistern.

Sie würden als Brücke zwischen den Menschen und der natürlichen Welt agieren, und ebenso zwischen den formgebenden Kräften Gaias und denen der Menschen.

Eine solche Beziehung könnte wie auf Abbildung 9 aussehen. Dort befinden sich alle Mitwirkenden der verschiedenen planetaren und feinstofflichen Ökosysteme innerhalb von Gaias Lebensfeld, der Weltseele, und alle tragen zur Evolution und Ganzheit dieses Feldes bei. Die Erde wird zum Ausdruck der Partnerschaft und Mitschöpfung zwischen der spirituellen Natur und den Potenzialen der Menschheit sowie der spirituellen Natur der Welt insgesamt. In dem, was wir erschaffen, mögen sich menschliche Bedürfnisse und Absichten widerspiegeln, aber es ist energetisch in unsere Umwelt integriert, in die physische wie die feinstoffliche.

Diese Integration bedeutet, dass die Lebenskräfte aus den spirituellen Kräften und Intelligenzen in der Natur – den Devas, Naturgeistern und so weiter – eindeutig Zugang zu dem Leben haben, das sich in den menschlichen Artefakten entfaltet. Um dies zu veranschaulichen, werfen Sie bitte einmal einen Blick auf die veränderte Version der Abbildung 7 aus der vorangegangenen Feldnotiz. Es handelt sich dabei um Abbildung 10, die den **integrierten Zustand** der Lebenskräfte aus den spirituellen Kräften und Intelligenzen in der Natur zeigt.

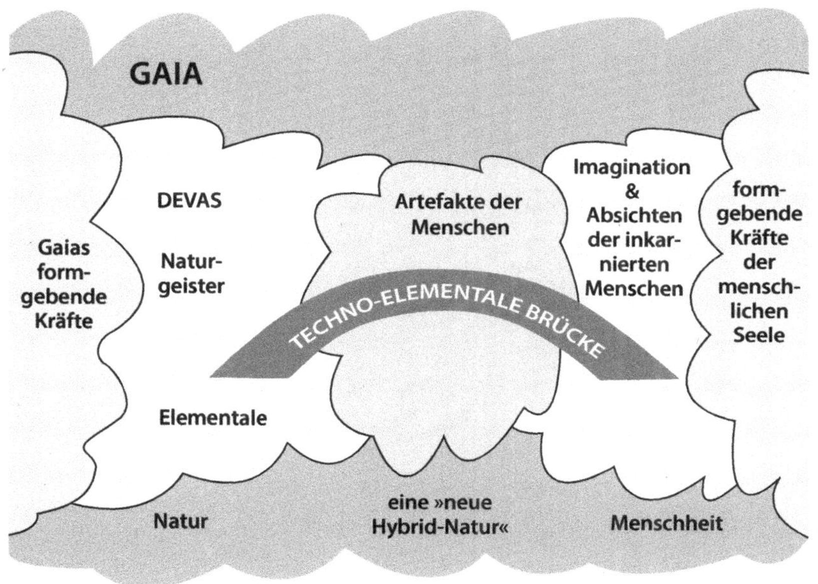

Abb. 9. Die »Brückenfunktion« der Techno-Elementale

Das Artefaktal verkörpert die acht Grundfunktionen, doch in diesem Fall vermischt sich seine Identität mit der menschlichen Imagination und Absicht, die dem Artefakt seine Form, Struktur und Funktion gaben.

(Machen Sie sich aber bitte bewusst, dass es sich hier um eine stark vereinfachte, verallgemeinernde schematische Darstellung der feinstofflichen Beziehungen handelt.)

Wichtig ist, dass in diesem Zustand der Verbundenheit dem Artefaktal ein Strom vielfältiger feinstofflicher Energien aus verschiedenen Quellen zufließt.

Dieser Energiefluss wirkt stimulierend und nährend, hilft ihm bei der Entfaltung seiner Funktionen und steigert seine Vitalität. Wenn es sich um einen einfachen feinstofflichen Organismus handelt, was auf viele Artefaktale zutrifft, dann wird

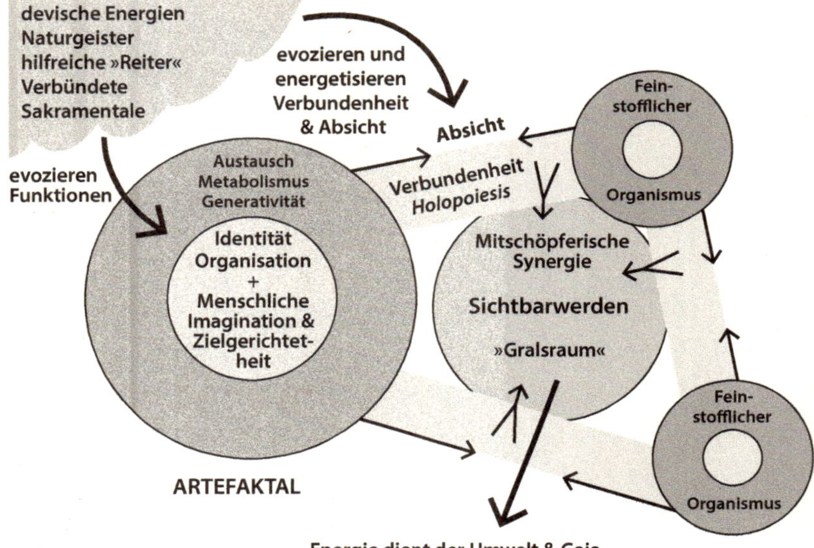

Abb. 10. Ein verbundener, integrierter Zustand

der feinstoffliche Energiefluss auch die *holopoietischen* Verbindungen ermöglichen und aufladen, die notwendig sind, damit Gralsräume entstehen können.

Ist andererseits das Artefakt komplexer Natur, weil es sich vielleicht um ein großes Gebäude, eine komplizierte Maschine oder etwas Derartiges handelt, kann es diese Gralsenergie aus eigener Kraft erzeugen.

Doch selbst dann helfen ihm die nährende Energie und Stimulation, die es aus seiner Verbindung zu den Devas der Natur und Gaia empfängt.

Diese Vitalisierung regt das Artefaktal dazu an, seine eigene Energie auszustrahlen, sein eigenes »Selbst-Licht«, das dann wiederum Segen spendet und der lokalen Umwelt des Artefaktals und dem großen Ganzen Gaias dient.

Das alles beruht also auf Gegenseitigkeit: Es findet ein positiver Energiefluss zum Artefakt und seinem Leben statt, und ebenso geht ein positiver Energiefluss von ihm aus.

Bei diesem Prozess werden das feinstoffliche Leben und die Energiefelder der Menschen genährt und bereichert, die das Artefakt nutzen, mit ihm interagieren oder leben.

Leider leben wir fast überall nicht in einer solchen idealen Welt, in der alles so ganzheitlich und integriert zusammenwirkt, wie es sein sollte.

Die Herausforderung besteht darin, dass die menschlichen Vorstellungen und Absichten häufig im Widerspruch zu unserer tieferen Seelenweisheit – und damit auch im Widerspruch zu den formgebenden spirituellen Potenzialen unserer Seele – und zu unserer natürlichen Umwelt stehen.

Ebenso behindern sie auch das holistische oder ganzheitliche Bestreben der Devas und Naturgeister, die diese Welt mit ihrem Segen erfüllen und erhellen.

In diesem Stadium unserer kollektiven Evolution hat sich die menschliche Welt der Kreativität, des Produzierens und Bauens weitgehend nach innen gewandt und ist ganz auf unseren eigenen Nutzen fokussiert. Wir haben uns von Gaia isoliert. Wenn das geschieht, wird auch das feinstoffliche Leben in unseren Artefakten und ihrer Umgebung von der natürlichen Welt abgetrennt und völlig von der kollektiven Energie der Menschen beherrscht und geformt.

Die Brücke zwischen Mensch und Natur wird beschädigt oder ganz zerstört, und die Techno-Elementale entwickeln sich, wie wir in den vorherigen Feldnotizen gesehen haben, zu einer ganz eigenen »Spirit-Spezies«, mit stärkeren Bindungen an uns Menschen als an die Natur und Gaia als großes Ganzes.

Es ist also folgende Situation entstanden:

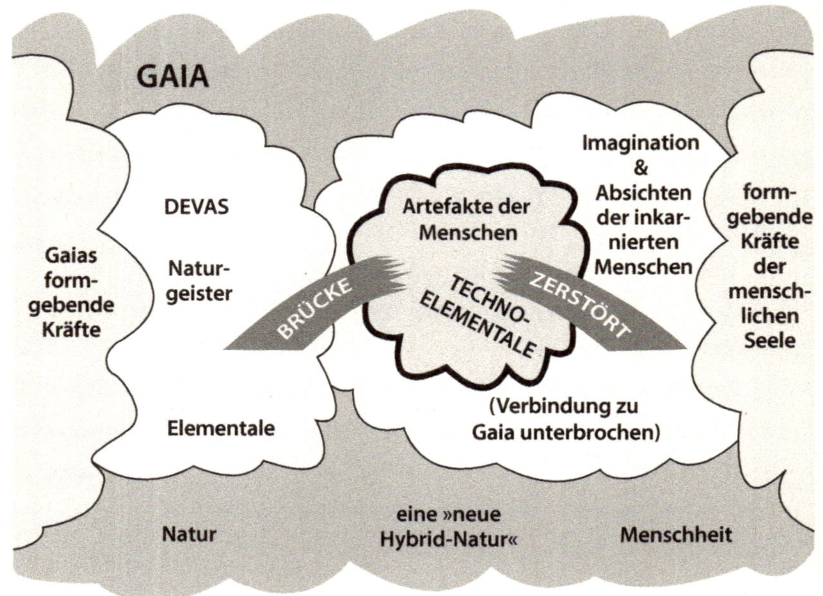

Abb. 11. Die beschädigte Brücke

Das ist eine komplizierte Situation. Die Trennung zwischen der Menschheit und der übrigen Welt kann sich energetisch auf viele Arten manifestieren. Übrigens gibt es durchaus auch Weltgegenden, wo die Verbindung zwischen Menschen und Natur noch intakt ist. An solchen Orten besteht weiterhin ein guter Kontakt und Energiefluss zwischen den Techno-Elementalen und den natürlichen geistigen Quellen. Doch in großen Teilen unserer modernen Zivilisation ist das nicht mehr der Fall.

Für uns selbst und für die Techno-Elementale, die unsere technisierte Welt bevölkern, bringt das zahlreiche Probleme mit sich. Vier dieser nachteiligen Konsequenzen halte ich für besonders bedeutsam. Es gibt noch andere, aber auf die, die ich Ihnen gleich vorstelle, möchte ich mich in diesen Feldnotizen konzentrieren. Es handelt sich um **innere, ökologische, inkarnative** und **evolutionäre** Probleme.

Das erste Problem betrifft das Innenleben der Artefaktale und der gesamten Welt der Techno-Elementale. Bei diesen feinstofflichen Organismen in unserer Umgebung sind Vitalität, Energie und spirituelle Leuchtkraft deutlich vermindert.

Diese Schwächung wirkt sich auf die feinstoffliche Umgebung aus. Das betrifft nicht nur die Techno-Elementale, sondern auch die Menschen.

Die Wahrscheinlichkeit steigt, dass psychische Verunreinigung und energetische Stagnation auftreten, was negative Kräfte anlockt, die ich als »dunkle Reiter« bezeichne.

Der Mangel an Verbundenheit zwischen den Techno-Elementalen, vor allem den Artefaktalen, und der größeren spirituellen Welt kann eine Feedback-Schleife erzeugen, die unsere kreative Energie, vor allem unsere Willenskraft, immer wieder in diesen isolierten Fokus zieht, so dass sich eine Art Echokammer bildet. Das kann unsere Inkarnations-Aktivität beeinträchtigen und damit unbewusst unsere Souveränität untergraben. Auf diese absonderliche Weise erschaffen wir zunächst das Artefakt, und dann formt es uns.

Letztlich kann auch unsere Vorstellung davon, was es heißt, ein Mensch zu sein, durch unsere Technologie eingeengt werden, was sich nachteilig auf unsere kollektive Evolution auswirkt. Wir geraten dann als Spezies in eine Situation, in der wir die uralte Legende des Golem Wirklichkeit werden lassen: Die Menschen erschaffen etwas, das sich gegen sie wendet und zur Bedrohung für seine Schöpfer wird.

Techno-Elementale und ihre feinstofflichen Energien sind an sämtlichen dieser vier Probleme beteiligt. Wenn wir verstehen, wie es dazu kommt, versetzt uns das in die Lage, diese schädlichen Folgen zu vermeiden und Heilung und Ganzheit zu erschaffen – für uns selbst, unsere Artefakte und unsere Welt.

FELDNOTIZ 15

SCHWÄCHUNG

Vor längerer Zeit erkrankte ich an Blasenkrebs, der gleich mehrfach zurückkehrte. Deshalb musste ich in den Jahren 2000 bis 2010 einige Male operiert werden. Die meisten dieser Operationen wurden in einem Krankenhaus durchgeführt, das etwa dreißig Kilometer von meinem Zuhause entfernt liegt. Dann wurde bei uns im Ort ein neues Krankenhaus eröffnet. Weil ich die größere Nähe als angenehmer empfand, ließ ich mich von nun an dort operieren.

Krankenhäuser sind ja ebenfalls Artefakte, die wiederum aus vielen Artefakten bestehen, medizinischen und anderen, die von Menschen entworfen und hergestellt werden. Man kann also von einem »artefaktalen Ökosystem« sprechen. Dieses Ökosystem ist eingehüllt in ein techno-elementales Wesen, das die integrierte Identität und den Zweck des Gebäudes verkörpert und für seine energetische Kohärenz sorgt. Gleichzeitig wird ein Krankenhaus von einem oder mehreren Heilungsengeln mit Licht und Segen überströmt. Sie agieren als Verbündete des Gebäude-Sakramentals. Ich war in meinem Leben nicht in vielen Krankenhäusern, aber jedes Mal wenn ich eines betrat, war ich mir der Gegenwart dieser wunderbaren Engelwesen deutlich bewusst.

Das Krankenhaus, in dem ich wegen des Blasenkrebses zunächst behandelt wurde, war alt und gut etabliert. Zu meiner Freude erwies sich der Strom heilender Energie überall in diesem Gebäude als sehr stark, das spürte ich vor und nach der Operation deutlich. Selbst die Wände der Zimmer schienen förmlich diese leuchtende Energie auszustrahlen. Wie ich es oft mache, wenn ich ein Gebäude betrete, nahm ich sofort Kontakt zu den Techno-Elementalen in den Wänden auf, übermittelte ihnen meine Wertschätzung und segnete sie. Sie reagierten sofort und strahlten ihrerseits Segen auf mich aus. Ich hatte das Gefühl, dass das Techno-Elemental des Gebäudes als Ganzes in guter Verbindung zur umgebenden Natur und den größeren spirituellen Welten stand. Es war energetisch vital, und ich fühlte mich wunderbar von der von ihm erzeugten feinstofflichen Umgebung getragen. Dieses geistige Wesen richtete offensichtlich sein ganzes Streben darauf aus, Gutes zu tun und dem Wohl aller zu dienen.

Das Krankenhaus befand sich keineswegs in einer ländlichen Umgebung, sondern in einem Stadtviertel mit vielen Geschäften und Arztpraxen. Im Kontrast dazu wurde das neue Krankenhaus in meinem Wohnort an einem der Waldhänge gebaut, die unser Tal umgeben, inmitten einer wunderschönen natürlichen Umgebung. Es wäre also ein geradezu perfekter Kandidat für eine gute Anbindung an die positive Energie der umgebenden Naturlandschaft gewesen. Doch während meiner ersten drei Aufenthalte dort erwies es sich als energetisch tot.

Ich konnte spüren, dass von den Techno-Elementalen in den Wänden nur eine sehr schwache Energie ausging. Es gab einen Heilungsengel, der Licht und Segen auf diesen Ort ausstrahlte, aber sein nährender Einfluss drang nur schwach durch die Mauern des Gebäudes. Er fühlte sich für mich an wie eine ferne Präsenz, die über diesem Krankenhaus schwebte, ohne wirklich dort landen zu können. Ich spürte auch die Anwesenheit zahlreicher Naturgeister in den umgebenden Wäldern und Bergen, doch zwischen ihnen und dem Krankenhaus gab es eine deutlich wahrnehmbare Kluft.

Den Energieunterschied zwischen diesem Krankenhaus und dem vorherigen empfand ich als dramatisch.

Ich möchte betonen, dass ich hier über die feinstofflichen Energien spreche, die ich in dem Gebäude spürte, seinen Wänden, Böden und Decken. Das hat nichts mit dem Krankenhauspersonal zu tun. In beiden Krankenhäusern arbeiten freundliche, mitfühlende, engagierte und liebevolle Menschen, die sich aufrichtig bemühen, den Kranken und Verletzten zu helfen, die zu ihnen kommen. Diese Ärzte, Schwestern, Techniker und sonstigen Angestellten erzeugen die menschliche Atmosphäre der Heilung und Fürsorge in dem Gebäude. Doch sie und die Patienten halten sich in einem Gebäude auf, das seinerseits eine Manifestation lebendiger Energie ist, und die Beschaffenheit dieser Energie sollte nicht außer Acht gelassen werden.

Fairerweise muss ich sagen, dass meine erste Operation in dem neuen Krankenhaus nur wenige Monate nach seiner Eröffnung stattfand. Das Team, Ärzte und Schwestern, machte eine exzellente Arbeit und betreute mich ausgezeichnet, aber der Ort selbst war neu. Energetisch steckte er sozusagen noch in den Kinderschuhen. In den folgenden Jahren musste ich dort weitere Behandlungen vornehmen lassen, und es zeigte sich, dass das Haus sich energetisch spürbar belebte. Aus meiner Sicht hat es noch nicht das Energielevel des anderen Klinikgebäudes erreicht, aber je mehr das neue Krankenhaus sich sozusagen »einlebt«, desto positiver entwickeln sich dort auch die energetischen Verhältnisse.

Zwischen den beiden Krankenhäusern besteht ein wichtiger Unterschied. Das erste Krankenhaus wurde von Menschen entworfen, die einen Tempel der Heilkunst schaffen wollten. Ich weiß nicht, ob seine Architekten und Bauherren Kenntnisse über die feinstofflichen Dimensionen besaßen. Aber von einem Arzt, der seit Jahren dort arbeitete, erfuhr ich, dass die Gründer dieses Klinikunternehmens, obwohl es sich um einen säkularen Wirtschaftsbetrieb handelt, von der Idee inspiriert wurden, einen Ort zu schaffen, an dem geistiger und spiritueller Heilung genauso viel Bedeutung beigemessen werden sollte wie der medizinischen und physischen Heilkunde. Das zweite Krankenhaus jedoch, das in meinem Wohnort gelegene, ist in die Kritik geraten. Man wirft den Betreibern vor, es sei »zu kommerziell«. Das Erdgeschoss macht gar nicht den Eindruck eines Krankenhauses. Es wirkt wie eine schön gestaltete Einkaufspassage mit einem Restaurant und Geschäften. Ich zweifle nicht daran, dass seine Planer gleichzeitig auch einen Ort der Heilung schaffen wollten, aber es fehlt dort die spirituelle Schwingung des Krankenhauses, in dem ich mich zuvor behandeln ließ. Die Ärzte, Krankenschwestern und Krankenpfleger verkörpern deutlich spürbar den Geist der Hilfe und des Dienstes an ihren Patienten, doch die Mauern dieses Hauses wurden eben nicht von Anfang an mit der gleichen spirituellen Absicht »durchtränkt«. Wenn man auf der unteren Etage herumgeht, bekommt man stattdessen den Eindruck, dass die Klinikleitung Patienten und Besucher zum Shoppen animieren will!

Natürlich schildere ich hier nur meine persönlichen Eindrücke, und der Vergleich zwischen den beiden Gebäuden ist etwas unfair. Es ist, als würde man einen jungen Assistenzarzt mit einem »alten Hasen« vergleichen, der über langjährige praktische Erfahrung verfügt. Was hätte ich wohl empfunden, wäre ich kurz nach seiner Eröffnung Anfang der 1970er Jahre Patient in diesem Krankenhaus gewesen? Damals hätte es sich vermutlich energetisch ebenso tot angefühlt.

Was also geschieht hier? Wodurch kommen diese Unterschiede zustande? Wir haben es mit einem vielschichtigen Thema zu tun. Um es zu verstehen, müssen wir die Natur und Ausdrucksformen feinstofflicher Energien als Manifestation des Lebens näher untersuchen. Aber das würde den Rahmen dieses Buches sprengen. Deshalb möchte ich mich hier auf eine stark vereinfachte Darstellung beschränken.

Schauen Sie sich bitte Abbildung 12 an:

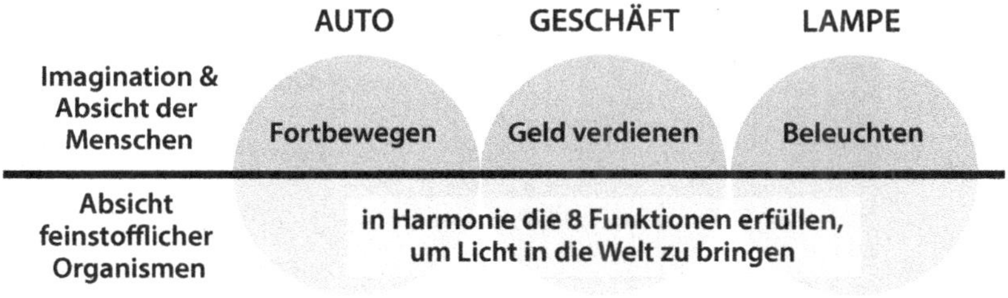

Abb. 12. Unterschiedliche Absichten

Als Beispiel dienen hier drei unterschiedliche Artefakte: ein Auto, ein Ladengeschäft und eine Lampe. Die Lampe ist ein Einzelobjekt, während es sich bei dem Auto um einen recht komplexen Mechanismus handelt. Es besteht aus vielen Bauteilen, die alle Artefakte im Sinne unserer Definition sind. Das Geschäft hingegen ist zunächst einmal ein Gebäude, in dem eine kommerzielle Aktivität stattfindet. Auch hier haben wir es mit einem komplexen Artefakt zu tun. Auto und Geschäft sind »feinstoffliche Ökosysteme«, die eine ganze Reihe Techno-Elementale beinhalten – Artefaktale, möglicherweise außerdem Reiter, Verbündete und so weiter. Aber sowohl Auto wie Geschäft besitzen einen übergreifenden Techno-Elemental, der für das Ganze steht und dieses feinstoffliche Ökosystem zusammenhält, als kohärentes Lebens- und Absichtsfeld.

Für das hier gewählte, vereinfachte Modell definieren wir die Absicht der beteiligten feinstofflichen Organismen so, dass sie ihre acht Funktionen entfalten und erfüllen und dadurch Licht in die Welt bringen wollen. Jeder dieser Organismen möchte seine ihm innewohnende Heiligkeit leben und zum Ausdruck bringen, indem er zur Ganzheit der Welt beiträgt.

Die Absichten der Menschen sind oft von anderer Art. Sie sind spezifischer und meistens Ausdruck aus der Persönlichkeit kommender Sehnsüchte und Wünsche. Das Auto soll uns selbst oder unsere Gegenstände befördern. Außerdem sind kommerzielle Interessen im Spiel, denn ein Autohersteller verschenkt schließlich seine Produkte nicht und sie sind auch nicht als Kunstobjekte fürs Museum gedacht! Ähnlich dient ein Geschäft dem Zweck, Geld zu verdienen. Wenn das nicht gelingt, muss es schon bald wieder schließen. Und der Zweck der Lampe besteht darin, für Helligkeit zu sorgen.

Auf feinstofflicher Ebene manifestieren sich menschliche Ziele und Absichten als mentale, emotionale und spirituelle Energien. Das ist durchaus mit dem Vorgang vergleichbar, bei dem meine Stimme von einem Smartphone in elektronische Impulse umgewandelt wird oder das, was meine Finger in eine Tastatur tippen, in eine Maschinensprache übersetzt wird, die mein Computer versteht und daraus Worte auf dem Bildschirm produziert. Wenn meine Imagination darauf ausgerichtet ist, Geld zu verdienen, indem ich ein Haus baue und darin ein Geschäft betreibe, wird die ätherische, feinstoffliche Energie dieser Zielsetzung Teil des feinstofflichen Feldes dieses Gebäudes, genau wie Ziegelsteine und Mörtel. Sie energetisiert die Techno-Elementale, die das feinstoffliche Leben des Gebäudes bilden.

Ich erwarte nicht und erlebe es auch nicht, dass das Techno-Elemental in meiner Schreibtischlampe universales Bewusstsein zum Ausdruck bringt. Es ist darauf fokussiert, das zu sein, was es ist, und die Funktion zu erfüllen, für die es als Artefakt geschaffen wurde. Dennoch gehört es zu seinem natürlichen Zustand als feinstoffliche Lebensform, dass es Verbindung zu dem Leben in seiner Umgebung aufnimmt. Im Rahmen seiner Möglichkeiten wird es durch die Schaffung solcher Verbindungen zur Entfaltung der Ganzheit in seiner Umgebung beitragen. Auch das ist Teil seines Zwecks und seiner Bestimmung.

Doch wir Menschen üben mit unseren Gedanken und Absichten einen starken Einfluss auf die feinstoffliche Umwelt aus. So können wir mit Leichtigkeit die Muster und Richtungen feinstofflicher Energien in und um ein Artefakt prägen und formen, wodurch der natürliche Energiefluss und die Verbundenheit des Techno-Elementals auf die Grenzen beschränkt wird, die der vom Menschen vorgesehene Verwendungszweck des Artefakts mit sich bringt. Anstelle einer Partnerschaft zwischen zwei Absichten, der des Menschen und der des feinstofflichen Organismus, setzt die erste die zweite außer Kraft. Dieser Konflikt entsteht, weil die menschliche Imagination und Absicht oft völlig auf menschliche Bedürfnisse und Sorgen fixiert ist und keinen Blick für die Verbundenheit mit dem großen Ganzen hat.

Bezogen auf die in Abbildung 10 dargestellten Beziehungen und Funktionen stellt sich die Situation jetzt so dar:

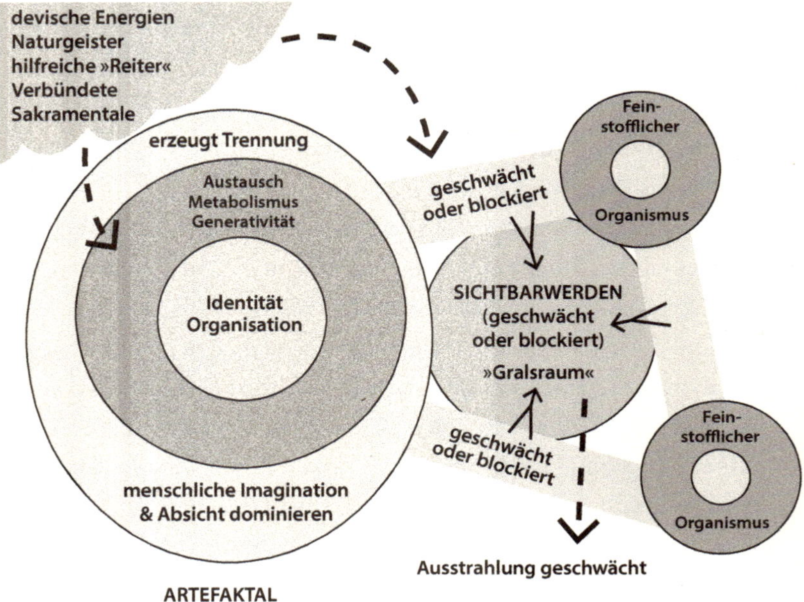

Abb. 13. Ein blockiertes Artefaktal

Nun wirkt die menschliche Energie unserer Absicht und Imagination als Barriere, durch welche die Verbindung zu den größeren spirituellen und feinstofflichen Welten beeinträchtigt wird. Der natürliche Strom lebenspendender und unterstützender Energien aus diesen Welten in das Lebenssystem der Techno-Elementale, vor allem der Artefaktale, wird geschwächt oder sogar völlig unterbunden.

Das führt zu einer Schwächung aller Funktionen dieser feinstofflichen Organismen. Ihre Generativität geht zurück, ihr Stoffwechsel verlangsamt sich und ihre Fähigkeit, Verbindungen, vor allem *holopoietische* Verbindungen, zu anderen feinstofflichen Organismen herzustellen, zu Techno-Elementalen, Naturgeistern und dergleichen, ist blockiert oder zumindest geschwächt. Gleiches gilt auch für ihre Fähigkeit, Gralsräume zu erschaffen oder an deren Erschaffung mitzuwirken.

Einfach ausgedrückt, das Licht dieser Organismen verblasst zu einem schwachen Glimmen. Und ebenso schwindet ihre eigentlich angeborene Fähigkeit, an Gaias Leben teilzuhaben. Als Folge davon ist auch die Lebendigkeit in unseren Gebäuden reduziert und damit die Fähigkeit dieser von uns erschaffenen Umwelten erheblich geschwächt, unser energetisches Wohlbefinden zu fördern.

Wir haben es hier, wie gesagt, mit einem komplexen Thema zu tun, denn das Zusammenspiel zwischen der Menschheit und den feinstofflichen Organismen, sowohl jenen der natürlichen Umwelten wie jenen der von Menschen erschaffenen künstlichen Umwelten, ist, wie es auf alle Ökosysteme zutrifft, äußerst vielgestaltig. Nehmen Sie zum Beispiel meine zwei Krankenhäuser. Bei beiden handelt es sich um Gebäude, die Hunderttausende von Artefakten enthalten. Unter diesen gibt es manche, die geschwächt sind und nur wenig Energie ausstrahlen, während andere energetisch sehr stark und aktiv sind, abhängig davon, aus welchen Materialien und unter welchen Bedingungen sie hergestellt wurden, und, was noch wichtiger ist, welche Beziehung die Menschen zu ihnen haben. Wie wir sehen werden, kann nämlich der einfache Akt, einen Gegenstand zu lieben und wertzuschätzen, sich auswirken wie ein frischer Luftzug auf eine glimmende Kohle. Liebe und Wertschätzung können die Flamme wieder entzünden.

Wenn ich über diese Krankenhäuser als »Artefakte« schreibe, meine ich hier generell Gebäude als Strukturen, die, unabhängig von allem, was sie beherbergen, ihre eigene energetische Ausstrahlung besitzen. Beide Krankenhäuser wurden als Orte der Heilung geschaffen, und gleichzeitig handelt es sich um Wirtschaftsbetriebe, die Gewinn erzielen müssen, um zu überleben. Doch im Fall des ersten Krankenhauses bestand die vorherrschende Absicht der Erbauer darin, einen »Tempel der Heilung« zu schaffen. Bei dem zweiten Krankenhaus stand kommerzieller Erfolg im Mittelpunkt. Diese unterschiedliche Schwerpunktsetzung spiegelt sich in den Energiefeldern der beiden Krankenhäuser wider. Selbst heute noch erscheint mir die feinstoffliche Präsenz des zweiten Krankenhauses, trotz aller inzwischen eingetretenen Verbesserungen, deutlich schwächer und weniger in seine natürliche Umgebung integriert, trotz der Vitalität und Schönheit dieser Umgebung. Obwohl das erste Krankenhaus sich in einer viel städtischeren, naturferneren Umgebung befindet, macht es auf mich einen energetisch deutlich vitaleren Eindruck.

Welche schwächenden Auswirkungen unsere menschlichen Gedanken und Emotionen auch auf feinstoffliche Organismen haben mögen, sie sterben nicht daran. Ihr Licht und ihr Leben können niemals ausgelöscht werden. Doch sie können so weit geschwächt werden, dass sie in eine schläfrige Trägheit fallen und dadurch den Fluss der feinstofflichen Energien hemmen und blockieren. Mit der Frage, welche Folgen das hat, werden wir uns in der nächsten Feldnotiz befassen.

FELDNOTIZ 16

VERSCHMUTZUNG

Zwanzig Autominuten von meinem Haus entfernt befindet sich eines der Naturwunder in unserer Gegend, der Snoqualmie-Wasserfall. Der Snoqualmie River stürzt auf seinem Weg in den Puget Sound dort über eine zweiundachtzig Meter hohe Klippe. Dass dieser Ort den hiesigen Indianerstämmen heilig ist, verwundert nicht. Auch Menschen, die kein Gespür für feinstoffliche Energien haben, empfinden den Wasserfall als schön und inspirierend.

Im Jahr 1916 wurde eine Lodge gebaut, die von oben einen grandiosen Blick auf den Wasserfall bietet. Inzwischen hat sie sich zu einem großen Luxus-Resort entwickelt. Im angrenzenden Park picknicken Familien und genießen die Aussicht oder nutzen den Wanderweg, der durch die Felsen hinab zum Flussufer unterhalb des Wasserfalls führt. Als unsere Kinder klein waren, gehörte der Snoqualmie-Wasserfall zu unseren bevorzugten Ausflugsorten.

Es gibt noch einen anderen Wanderweg, auf dem man entlang des Snoqualmie River von unten, durch raues, bewaldetes Gelände, bis zum Fuß des Wasserfalls gelangt, und zwar am anderen Ufer, genau gegenüber der Stelle, wo der Weg von der Lodge herabkommt.

Eines Tages beschlossen wir, diesen Weg zum Wasserfall zu nehmen. Während unserer Wanderung gelangte ich in einen veränderten Bewusstseinszustand. Plötzlich sah ich alles in meiner Umgebung so, als wäre ich einer der Naturgeister dieses Waldes. Es war ein ehrfurchtgebietender Augenblick. Ich habe nie psychedelische Drogen genommen, aber ich könnte mir vorstellen, dass Menschen, die sich »auf einem Trip« befinden, Ähnliches erleben. Ich fand mich inmitten eines brodelnden Kommunikationsgewirrs zwischen Sträuchern, Bäumen, Steinen, dem Erdboden und allem anderen in dieser Naturlandschaft wieder, und all diese »Gespräche« nahm ich als Ausbrüche und Ströme aus Farbe, Energie und, wie es mir schien, einem unaufhörlichen Austausch von Molekülen wahr. Ich weiß noch, dass ich dachte: »Das ist alles Chemie! Alles ist Chemie!«

Dieser Zustand hielt vielleicht fünf Minuten an, während wir unsere Wanderung fortsetzten. Ich konnte die kleinen Naturgeister, die im Wald aktiv waren, deutlich spüren und manchmal auch sehen. Und ich hatte das Gefühl, vom Energiefeld eines größeren Wesens beschützt und getragen zu werden und meine Umwelt aus der Perspektive dieses Wesens wahrzunehmen.

Dann gelangten wir auf einen Hügelkamm, und vor mir konnte ich durch eine Lücke zwischen den Bäumen den Wasserfall sehen. Zu meiner Überraschung sah ich oberhalb anstelle eines schönen Gebäudes – und die Lodge *ist* ein schönes Gebäude – etwas Dunkles, Unangenehmes. Trotz aller Aktivitäten der Menschen in der Lodge und in ihrer Umgebung, die ihre eigene Form lebendiger feinstofflicher Energie erzeugten, war die Lodge aus der Perspektive des Naturgeistes, mit dessen Bewusstsein ich vorübergehend verschmolzen war, energetisch tot.

Und in dieser Zone wurde offenbar die Energie der feinstofflichen Naturwesen behindert und geschwächt. Es war, als würde man auf einem ansonsten gesunden Tier einen großen Flecken abgestorbener Haut sehen.

Und um diese energetisch tote Zone herum nahm ich in der feinstofflichen Umwelt eine Turbulenz wahr, wie Wasser, das um einen großen Stein herumrauscht, der in einem Fluss liegt. Offenbar wurden auf eine für mich nicht wirklich erklärliche Weise Energieströme blockiert oder umgeleitet. Doch konnte ich die Disharmonie deutlich spüren, die dadurch verursacht wurde. Etwas, das in England als »Ley-Linie« bezeichnet wird, war beeinträchtigt.

Die Absicht und Energie der Betreiber der Lodge ist in erster Linie kommerziell ausgerichtet – es handelt sich schließlich um ein Wellness-Resort, und zwar ein teures! Bei seinem Bau spielten energetische Harmonie und eine gute Einbindung in die umgebende Natur vermutlich keine große Rolle. Die Folge davon war, so wurde es mir von dem Naturgeist gezeigt, die Entstehung einer feinstofflichen Energieform, die kein Partner der feinstofflichen Energien in der umgebenden Natur ist, sondern diese hemmt und beeinträchtigt. Die positiven Effekte der dort verlaufenden Ley-Linie werden abgeschwächt, statt sie zu unterstützen.

In einer idealen Situation könnten lebenspendende und die lebendigen Wesen stärkende feinstoffliche Energien ungehindert durch die Naturräume ebenso wie durch unsere menschlichen Artefakte fließen, wie die nachstehende Zeichnung, Abbildung 14, veranschaulicht.

Dieses Fließen der Lebensenergien trägt zur Gesundheit und Ganzheit des planetaren Systems und seiner miteinander verwobenen feinstofflichen und physischen Ökosysteme bei. Wird dieser Fluss behindert, steht den betroffenen fein-

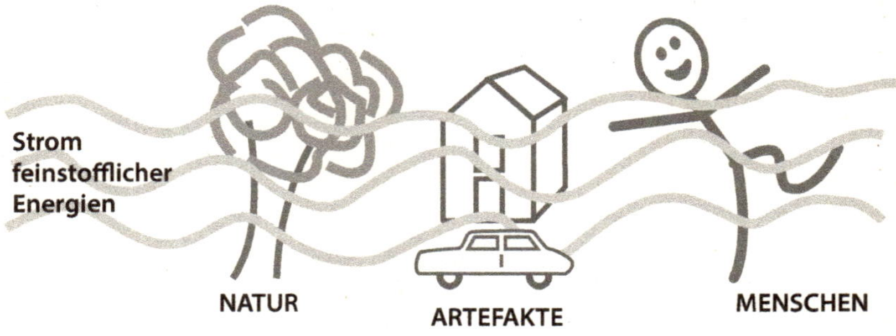

Abb. 14. Das freie Fließen von Gaias Lebensenergien

stofflichen Organismen weniger Lebensenergie zur Verfügung, mit der sie arbeiten können, und weniger Stimulation für ihre Evolution. Ihre Fähigkeit, an der kollektiven Funktion des Sichtbarwerdens und der Schaffung von Gralsräumen mitzuwirken, wird dadurch beeinträchtigt.

Ich möchte noch einmal auf die in Feldnotiz 3 beschriebene Erfahrung zurückkommen. Wie Sie sich erinnern, machte mich ein Naturgeist auf ein Band aus goldenem Licht aufmerksam, das auf meine Wohngegend herabschwebte, oder jedenfalls interpretierte mein Bewusstsein das Geschehen auf diese Weise. Das war nicht das erste oder einzige Mal, dass ich dieses Phänomens gewahr wurde. Wie erwähnt, spüre ich segnende Energien, die von dem großen Deva am Mount Rainier ausgestrahlt werden, und auch von anderen ähnlichen Devas über den Bergen entlang des Puget Sound. In kleinerem Maßstab bin ich mir des Lichts bewusst, das von einem Wesen in unserer Nachbarschaft ausgestrahlt wird. Ich nenne dieses Wesen die »Dame vom See«. Daran ist nichts Ungewöhnliches. Solche Ströme oder Emanationen der Lebenskraft, die von Wesen höherer Schwingung ausgesendet werden, sind überall auf der Welt fester Bestandteil der feinstofflichen Ökosysteme.

Solche energetischen Segensströme wie das goldene Band, das sich in meiner Wahrnehmung wie ein feiner Nebel auf unsere Wohnsiedlung herabsenkte, werden von den Elementar- und Naturgeistern absorbiert und tragen zur Gesundheit und Vitalität des physischen und nicht-physischen Lebens bei. Boden, Pflanzen, Bäume und gewiss auch die Tiere absorbieren diese Energien mühelos, Autos, Häuser, Straßenlaternen und andere Artefakte weniger. Es hängt von der Verbundenheit und Aktivität der Techno-Elementale dieser Artefakte ab. Manche sind sehr gut angebunden und absorbieren die feinstoffliche Energie mit Leichtigkeit, andere sind offenbar stärker beeinträchtigt und blockiert.

Während meiner vielen Spaziergänge, die ich im Laufe der Jahre unternahm, ist mir immer wieder aufgefallen, dass manche Häuser von einem sehr vitalen Energiefeld erfüllt und umgeben sind, während andere viel weniger energetisiert oder sogar regelrecht leblos wirken – und das, obwohl sie keineswegs leer stehen, sondern von Familien bewohnt sind. Wenn ein solches Haus-Feld schwach ist, sagt das nichts über die Bewohner des Hauses aus. Es verrät mir nur, dass die Techno-Elementale dieses Gebäudes weitgehend ignoriert werden und sich in einem Zustand befinden, den man bei einem Menschen als unbewusst oder wenig bewusst bezeichnen würde. Dieser Zustand ist für Artefakte der modernen Welt alles andere als unüblich.

In der modernen Welt produzieren wir immer mehr Artefakte und Umwelten, die nur wenig Verbundenheit zwischen den Techno-Elementalen, vor allem den Artefaktalen, und der größeren natürlichen feinstofflichen Umwelt ermöglichen. Anstelle des freien Energieflusses gerade eben in Abbildung 14 sieht die Situation nun folgendermaßen aus:

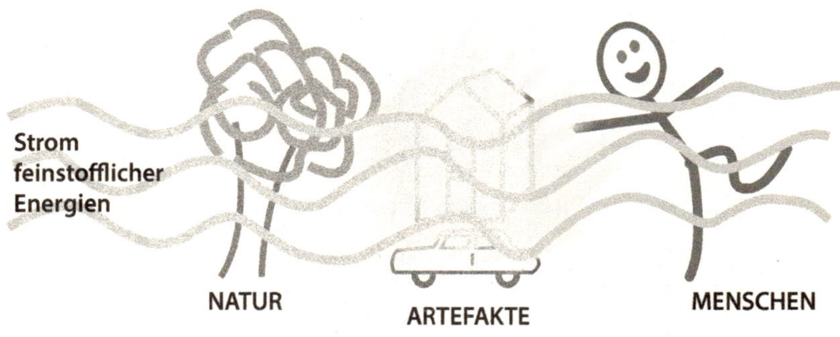

Abb. 15. Behindertes Fließen von Gaias Lebensenergien

Es ist, als ob die Lebensenergie, die Empfindungsfähigkeit, in unseren Artefakten inaktiv wird, was dann zur Belastung für die gesamte feinstoffliche Umwelt werden kann. Wenn feinfühlige Menschen davon sprechen, wie »dicht« Materie sei, spüren sie offenbar den Zustand, in dem die Energiefelder vieler unserer Artefakte sich befinden.

Ich möchte aber noch einmal betonen, dass nicht alle Artefakte und Gebäude vom Fluss der feinstofflichen Energien abgeschnitten sind. In unseren großen und kleinen Städten wie auf dem Land gibt es Gebäude, die sich in guter Resonanz mit der feinstofflichen Umwelt befinden, und auch solche, die wie große Steine in einem Fluss den Energiestrom behindern.

Wer behauptet, in Städten bestünde, weil sie menschliche Artefakte sind, grundsätzlich ein schlechter Kontakt zu den feinstofflichen Dimensionen, macht es sich zu einfach. Es geht hier nicht um einen Gegensatz zwischen Stadt und Natur. Auch in Naturgebieten kann es zu energetischen Mangelzuständen kommen. Es gibt aber den wichtigen Unterschied, dass in einer nichtmenschlichen Umgebung, in der ein solcher Zustand auftritt, feinstoffliche Mächte und Wesen aktiv werden – vergleichbar mit der Funktionsweise des menschlichen Immunsystems – und Harmonie, Gleichgewicht und Verbundenheit wiederherstellen. In einer menschengemachten Umwelt geschieht das weniger automatisch. Hier kann das ständige Trommelfeuer menschlicher Gedanken und Gefühle solchen Wesen ihre Arbeit sehr erschweren. Es ist nicht leicht, eine Wand zu säubern, wenn ständig jemand neue Zeichen darauf malt!

Das ist ein Umweltproblem ganz wie die physische Umweltverschmutzung. Nur erkennen wir es nicht als Problem. Oft spüren wir, dass ein Ort sich »nicht gut anfühlt« oder eine »schlechte Atmosphäre« ausstrahlt, doch in unserer materialistischen Kultur erkennen die meisten von uns nicht, wie tiefgreifend ein solcher Effekt sein kann. Wir haben wenig Gespür dafür, wie feinstoffliche Energien sich auf unseren Körper und Geist und unsere Emotionen auswirken. Ebenso ist uns nicht bewusst, wie unsere Gedanken und Gefühle sich auf unsere feinstoffliche Umgebung auswirken. Wir wissen, wie sich unser Denken und unsere Gefühle auf unseren Körper auswirken und umgekehrt. Die Verbindungen zwischen unserer Psychologie und Physiologie sind gut erforscht. Ganz ähnlich haben auch viele Menschen Erfahrungen damit, wie die spirituelle Dimension sich auf ihr Leben auswirkt. Woran es uns aber fehlt, ist Wissen darüber, wie sich die Zustände in unserer feinstofflichen Umgebung auf uns auswirken. Wenn das Energieleben unserer Artefakte und der Artefaktale in ihnen geschwächt ist, schwächt das auch unsere eigene feinstoffliche Vitalität. Es fehlt uns das Licht, das sie uns normalerweise spenden würden, und mehr noch: Wir sind abgeschnitten von den heilenden, nährenden Energien aus der spirituellen Dimension der natürlichen Welt. Umgeben von unseren menschengemachten Energiefeldern schmoren wir im eigenen psychischen Saft.

Als Beispiel möchte ich ein Erlebnis während eines Workshops in den 1980er Jahren schildern, den ich auf Einladung in einem spirituellen Konferenzzentrum durchführte. Als ich den Workshop begann, hatte ich ein Gefühl, als müsste ich mich durch dichten Nebel »kämpfen«. Ich spürte deutlich, dass auch die Teilnehmer sich unwohl fühlten, ja, es herrschte sogar eine gereizte Stimmung, die eindeutig nichts mit dem, was ich sagte, zu tun hatte.

Während einer Pause nutzte ich meine innere Wahrnehmung, um den Seminarraum zu untersuchen (was ich besser gleich zu Beginn hätte tun sollen). Ich entdeckte, dass die Wände mit »psycho-energetischem Schmutz« bedeckt waren. Offensichtlich stellte diese Verunreinigung die Ursache dafür dar, dass die Teilnehmer des Workshops und ich uns in dem Raum nicht wohlfühlten. Ich fragte eine der Leiterinnen des Zentrums, wie dieser Raum sonst genutzt werde, und sie antwortete, man nutze ihn für Urschrei-Therapien und andere Seminare, bei denen es um psychische Katharsis gehe. Also kippten Leute regelmäßig ihre negativen Emotionen wie Abfall in die feinstoffliche Atmosphäre dieses Seminarraums. Und Wände, Decke und Boden waren inzwischen davon regelrecht bedeckt wie von einer dicken Schicht aus psychischem Staub und Schmutz. Das ging schon seit Monaten so, und während der ganzen Zeit hatte niemand nach diesen emotionalen Entladungen irgendeine Form von Energiereinigung durchgeführt.

Ich bat meine feinstofflichen Verbündeten und die spirituellen Verbündeten des Seminarzentrums um Hilfe und nahm in der Mittagspause eine Energiereinigung vor. Damit war das Problem beseitigt. Als wir den Workshop fortsetzten, bemerkten alle Teilnehmer die frische, vitalisierte Atmosphäre, und von da an fühlten wir uns in dem Raum wohl.

Hier handelte es sich um einen leichten Fall energetischer Verschmutzung, hervorgerufen durch Techno-Elementale, die nicht in der Lage gewesen waren, sich selbst mit frischer Energie zu versorgen. Das besagte Seminarzentrum wurde von sehr engagierten Menschen geleitet. Ihre aufrichtige Absicht, anderen psychologisch und spirituell zu helfen, brachte viel Licht in das Gebäude, was half, die negativen Energien zu kompensieren. An Orten, wo Menschen leiden und Gewalt an der Tagesordnung ist, kann jedoch ein feinstoffliches Energieumfeld entstehen, das wirklich bösartige und Schmerz verursachende »dunkle Reiter« anlockt. Sie nähren sich von diesen Energien und die Isoliertheit der Artefaktale in einem solchen Gebäude oder in den dort benutzten Artefakten bewirkt, dass diese feinstofflichen Wesen sich ebenfalls isolieren und das Licht regelrecht aussperren.

Bei diesen dunklen Reitern kann es sich um von Menschen erzeugte Gedankenformen handeln, aber auch um innerlich deformierte und geschädigte feinstoffliche Lebensformen. Sie können einen negativen, schädlichen Einfluss ausüben, sowohl auf die feinstoffliche Umgebung wie auch auf die Gedanken und Gefühle der Menschen, die sich dort aufhalten oder Artefakte benutzen, welche durch die Energie dieser dunklen Reiter verunreinigt sind. In einer solchen Situation eine Reinigung durchzuführen, erfordert besondere Ressourcen und Fähigkeiten, eine starke Liebe und Friedfertigkeit sowie ein unerschütterliches Eingestimmtsein auf das Heilige. Hier gilt das Gleiche wie für die Beseitigung von Giftmüll in der materiellen Umwelt: Man benötigt Fachwissen und eine spezielle Ausrüstung. *Niemals sollte man sich leichtfertig und schlecht vorbereitet an eine solche Aufgabe heranwagen.*

Zum Glück bieten die meisten Umwelten, in denen wir uns aufhalten, jedenfalls meiner Erfahrung nach, keine Nahrung für wirklich negative und bösartige dunkle Reiter, so dass sie gar nicht erst angelockt werden. Doch wir müssen regelmäßig unsere feinstoffliche Umwelt reinigen und dafür sorgen, dass die Techno-Elementale gesegnet werden und sich in Harmonie mit dem spirituellen Ganzen befinden. (In einer späteren Feldnotiz werde ich erklären, wie man das macht.) Sonst kann sich fast überall in unserer Umgebung eine Schicht von energetischem Schmutz ansammeln. Wenn das geschieht, können sich aus unseren Emotionen und Gedanken geborene negative Emanationen wie Staub auf die Umgebung legen und uns viel länger beeinflussen und beeinträchtigen, als es normalerweise der Fall wäre. Das kann unsere feinstofflichen Energieressourcen schwächen.

Wenn eine schlechte Verbindung zum spirituellen Licht besteht und die Vitalität beeinträchtigt ist, wirkt sich das in erster Linie auf die Artefaktale und, wie beschrieben, auf die »Reiter« aus, die sich an sie anheften. Andere Arten von Verbündeten und Sakramentale sind davon weniger betroffen, aber das niedrige Energielevel macht es für sie schwieriger, positiv auf ein Artefakt einzuwirken, sei es ein Gegenstand wie mein Kelch oder eine größere Struktur, zum Beispiel ein Gebäude. Oft möchten sie gerne helfen, aber wegen des energetischen Zustandes dringt diese Hilfe nur schlecht durch. Selbst wenn ich ein hoch schwingendes Wesen, zum Beispiel einen Engel, bitte, einem Objekt wie meinem Kelch Licht und Segen zu senden, wird das nur wenig bewirken, solange ich das Energiefeld des Gegenstandes nicht gereinigt und seine innere Empfindungsfähigkeit und Vitalität nicht aufgeweckt habe. Dann entsteht einfach kein Talisman und keine Resonanz zu einem Sakramental oder Verbündeten, und meine Anrufungen und Rituale bleiben wirkungslos.

FELDNOTIZ 17

ECHOS

Zum ersten Mal besuchte ich einen guten Freund. Wir kannten uns seit Jahren, aber ich hatte einfach noch nicht die Zeit gefunden, in den Bundesstaat zu reisen, wo er lebte. Er bewohnte mit seiner Frau ein großes Haus. Stolz führte er mich herum. Als wir in ihr Schlafzimmer kamen, sagte er: »Ich möchte dir etwas zeigen.«

Er ging zum Nachttisch neben seinem Bett, öffnete die Schublade und nahm einen großen Revolver heraus. »Hier in der Nachbarschaft gibt es viele Einbrüche«, sagte er. »Also habe ich mir den besorgt. Es ist ein Magnum-Revolver, und glaube mir, ich kann damit umgehen!«

Dann gab er mir die Pistole. Während mein Freund in einer Umgebung aufgewachsen war, wo Waffen ganz selbstverständlich zum Alltag gehören, war mir der Umgang mit ihnen fremd. Ich hielt tatsächlich zum ersten Mal einen Revolver in der Hand. Das machte mich neugierig, und ich stimmte mich auf das Techno-Elemental der Waffe ein.

Ich weiß nicht mehr genau, was ich erwartet hatte, aber jedenfalls überraschte mich dieser Kontakt und verhalf mir zu einem tieferen Verständnis der Rolle, die Techno-Elementale in unserem Leben spielen.

Ich kam in Kontakt zu einem Wesen, das stolz auf seine Pistolen-Natur war und zu dem Zweck benutzt werden wollte, für den dieses Artefakt gedacht war. Es handelte sich in keiner Weise um eine bösartige oder negative Wesenheit (womit nicht gesagt ist, dass sich kein »dunkler Reiter« an eine Schusswaffe anheften könnte), sondern einfach um einen feinstofflichen Organismus, der sich die menschliche Aufgabe, für die diese Pistole produziert worden war, zu eigen gemacht hatte und wie ein treuer Diener bereit war, diese zu erfüllen. Die Waffe war dafür konstruiert zu töten, und ihr Artefaktal war dazu bereit. Er wollte seine Funktion erfüllen, weiter nichts.

Dieses Wesen strahlte keinerlei schlechte Absichten aus, und es verfolgte kein Ziel. Es verfügte nicht über die Art von Bewusstsein, die es ihm ermöglicht hätte, ein Gefühl für moralisches Verhalten zu entwickeln. Die Pistole war nicht, wie in manchen Horrorgeschichten, von einem körperlosen Wesen kontrolliert, das nach Opfern suchte. Das Techno-Elemental des Revolvers kennzeichnete einfach eine unpersönliche, man könnte sogar sagen blinde Hingabe an die menschliche Absicht, die in der Konstruktion und Herstellung dieses Artefakts zum Ausdruck kam. In diesem Sinn lässt es sich wohl am ehesten mit einem Roboter vergleichen, der bestrebt ist, seiner Programmierung entsprechend zu handeln.

Hätte es in mir eine emotionale oder mentale Resonanz zum Verwendungszweck des Revolvers gegeben, das heißt, wenn ich vor der Entscheidung gestanden hätte, einen Menschen zu töten oder nicht zu töten, dann hätte die feinstoffliche Energie dieses Techno-Elementals wie eine Echokammer wirken können, die meine Absicht, einem anderen Menschen Schaden zuzufügen, reflektiert und verstärkt hätte. Der Wunsch der Waffe, ihren Zweck zu erfüllen, hätte kombiniert mit meinem Wunsch, einen Menschen zu erschießen, den entscheidenden Impuls geben können, nicht nur über die Möglichkeit nachzudenken, sondern es tatsächlich zu tun.

Bevor wir nun den Techno-Elementalen unserer Waffen die Schuld für das Blutvergießen in unserer Welt geben, möchte ich betonen, dass es sich hier um ein sehr komplexes Thema handelt. Gewalt hat viele Ursachen – psychologisch, karmisch, gesellschaftlich. Wir alle treffen souverän unsere Entscheidungen, und das gilt auch für die Entscheidung, ob wir anderen Menschen Schaden und Leid zufügen oder nicht. Aber, wie ich in diesem Buch schon oft erwähnte, wir sind nicht nur physische Wesen, sondern auch feinstoffliche Wesen in einer feinstofflichen Umwelt. Feinstoffliche Energien wirken sich auf uns aus, psychologisch und physiologisch. Deshalb ist es wichtig, dass wir uns bewusst mit den Techno-Elementalen beschäftigen. Sie beeinflussen unser Leben. Dieser Einfluss kann manchmal größer, manchmal gering sein. Er kann wohltätig oder schädlich sein. Jedenfalls ist er immer da, solange wir umgeben von unseren Artefakten leben.

Während ich den Revolver in der Hand hielt, dachte ich: Falls ein Mensch emotional und mental an der Grenze steht, möglicherweise gewalttätig zu werden, könnte die Energie dieses Techno-Elementals ihm den entscheidenden Anstoß geben, sich wirklich dazu hinreißen zu lassen.

Dann hatte ich noch eine andere Empfindung. Zusätzlich zum grundlegenden Willen, seinen Zweck zu erfüllen – also nützlich zu sein und benutzt zu werden –, spürte ich noch eine weitere Energieschicht und erkannte, dass sie von meinem Freund ausging. Es war wie ein zweites Set von Befehlen, das zu der ursprünglichen Programmierung hinzugefügt worden war. Es lässt sich nur schwer in Worte fassen, aber in mir stieg das Bild eines Wächters auf. Damit anthropomorphisiere ich natürlich, aber das gibt am ehesten das Identitätsgefühl der Waffe wieder, die sich als Beschützer sah. Diese energetische Haltung war nicht bei der Konstruktion und Herstellung hinzugefügt worden, sondern eindeutig erst später, so wie die Energie eines Talismans. Darin spiegelte sich klar die Haltung meines Freundes und sein Energiefeld. In einem Umfeld aufgewachsen, wo Waffen selbstverständlich dazugehörten, war er gleichwohl ein liebevoller und sanfter Mann. Er neigte nicht zu Gewalt und Brutalität, aber wenn man ihn angriff, würde er sich wehren, und zwar furchtlos. Und er würde mit Entschlossenheit andere beschützen, vor allem seine Familie und Menschen, die er liebte.

Er hatte die Waffe gekauft, um seine Familie und sein Haus zu beschützen. Diese Absicht war stark genug, gerade wenn er an die Waffe dachte, um das Techno-Elemental des Revolvers zu veranlassen, seine Absicht von »töten« zu »nur töten, um zu beschützen« zu verändern.

Mir ist bewusst, dass meine Worte den Anschein erwecken, als würde der Revolver, oder genauer gesagt sein Techno-Elemental, über Eigeninitiative wie ein Mensch verfügen, was nicht zutrifft. Es *ist* ein »Du«, aber es ist keine Person. Sein Bewusstsein ist hinsichtlich seiner Struktur und Leistungsfähigkeit nicht annähernd mit dem eines Menschen vergleichbar. Aber es ist sich seiner selbst bewusst und verspürt den Wunsch, seinen Daseinszweck zu erfüllen.

Seit diesem Erlebnis habe ich das Phänomen tiefer erforscht und bin zu dem Schluss gelangt, dass es sich bei dem Artefaktal, auf das ich mich damals eingestimmt hatte, um einen »Zweck-Reiter« handelte. Ich weise aber darauf hin, dass bei Wesen, deren Grenzen viel fließender sind, als wir es aus der physischen Welt kennen, die Kategorisierung von Energieschichten und Identitäten schwierig ist und leicht zu Irrtümern führen kann. Es ist, als würde man versuchen, ein Mikroskop scharf zu stellen, um die feinen Unterschiede in den Strukturen einer Zelle zu erkennen, doch weil die Scharfeinstellung nicht richtig funktioniert, bleibt das Bild verschwommen. Man kann trotzdem aus den Bildern Rückschlüsse ziehen, doch wegen der Unschärfe kommt es dabei leicht zu Fehlern.

Wie bereits in früheren Feldnotizen erwähnt, können die Energie und die Gedankenformen der menschlichen Imagination und Absicht die Eigenschaften von Artefaktalen beeinflussen und formen. Wenn der Mensch, der diese Energie und Gedankenformen hervorbringt, keine starke Verbindung zur Ganzheit der Welt hat, dann erzeugt der menschliche Beitrag einen geschwächten, beeinträchtigten Zustand. Da die Gedanken der Menschen mächtig sind, kann dieser geschwächte Zustand zum dominanten Merkmal des Artefaktals und anderer techno-elementaler Elemente eines Artefakts werden.

In diesem Fall wird ein »Reiter« erschaffen, der sich darauf fokussiert, den Zweck des Artefakts zu erfüllen. Ich denke mir diesen Reiter als »Willens-Vektor«, also als eine energetische Projektion des Willens, dass etwas Bestimmtes geschehen soll. Für sich allein mag dieser Reiter klein und schwach sein, doch in einem kollektiven Setting kann er wesentlich mehr Macht gewinnen.

Wenn beim Errichten der Mauern eines neuen Krankenhauses die beteiligten Menschen bewusst auf die Baumaterialien projizieren, dass von diesen Mauern eine heilende Energie ausstrahlen soll, dann bildet sich ein sehr mächtiger »Willens-Vektor« oder »Zweck-Reiter« und wird zum Bestandteil der

Techno-Elemental-Energie des Krankenhausgebäudes. Natürlich geschieht so etwas in unserer heutigen materialistischen Welt wohl eher selten. Doch in Zukunft werden wir uns als Gesellschaft hoffentlich der Realität und der Eigenschaften des uns umgebenden feinstofflichen Ökosystems eher bewusst sein, von dem wir ein Teil sind. Dann wird es vielleicht zur Ausbildung von Bauingenieuren und Handwerkern gehören, beim Bauen angemessene Gedankenformen und mentale Energien auszustrahlen. Wer sein Haus selbst baut, kann heute schon liebevolle Energie in jedes Bauteil senden.

Der »Zweck-Reiter« oder »Willens-Vektor« in der Schusswaffe meines Freundes hatte einen sehr einfachen Fokus: »Töte!« Das ist der grundlegende Zweck eines Revolvers, so, wie er von Menschen imaginiert, konstruiert und gebaut wurde. Er ist kein Werkzeug, das dafür gedacht ist, aufzubauen, zu heilen oder zu forschen. Er ist ein Tötungsinstrument. Doch der »Zweck-Reiter«, den ich im Techno-Elemental-Feld der Waffe spürte, ein Reiter, der durch menschliches Denken geschaffen worden war, statt eine unabhängig entstandene, aus einem anderen Teil der feinstofflichen Welt kommende Entität zu sein, war eine schwache Energieprojektion. Er war ein kleiner »Willens-Vektor«. Jeder normale Mensch, der diese Waffe in der Hand hielt, wäre stärker als er gewesen und hätte ihn vermutlich nur als leichten Impuls für die Imagination bemerkt. Vielleicht hätte der Reiter ihn zu der Überlegung angeregt, wie es sich wohl anfühlen würde, die Waffe bestimmungsgemäß zu benutzen.

In der kollektiven Imagination der Menschheit ist die von Waffen ausgehende Macht und die Möglichkeit, mit ihnen zu töten, jedoch eine sehr starke Gedankenform. Seit Jahrhunderten werden Schusswaffen zum Töten benutzt, weshalb sie in populären Unterhaltungsmedien und den Nachrichten leider oft auftauchen. Überall auf der Welt werden Schusswaffen zum Töten eingesetzt, und täglich sterben dadurch Tausende Menschen.

Selbst wenn man andere Faktoren – vor allem solche psychologischer, feinstofflicher und gesellschaftlicher Natur – außer Acht lässt, die einen Menschen veranlassen können, eine Schusswaffe einzusetzen, kann die Verbindung zwischen dieser mächtigen kollektiven menschlichen Imagination und Absicht und dem winzigen »Zweck-Reiter« einer bestimmten Pistole Letzterem viel mehr Macht und Einfluss verleihen, als er sie normalerweise hätte. Genauer gesagt, der »Zweck-Reiter« innerhalb der techno-elementalen Präsenz der Schusswaffe agiert als Tor zu der einen sehr viel mächtigeren und größeren Einfluss ausübenden Energie und Willenskraft jener Gedankenformen, die in der kollektiven Psyche der Menschheit hinter dem Schusswaffengebrauch und dem Töten stehen. Es handelt sich dabei um feinstoffliche Energien, die nach Erfüllung streben. Ich bezeichne sie als »Vektoren«, weil sie Schwung und Richtung des vom Menschen bestimmten Zwecks seiner Artefakte verkörpern. Sie manifestieren sich im Leben und Handeln jener Menschen, die für sie empfänglich sind.

Dieses komplexe Thema kann hier in diesem Buch nicht umfassend behandelt werden. Mir geht es darum, Ihnen zu verdeutlichen, dass die Techno-Elementale sozusagen Anker sind, an denen die Absichten, Vorstellungen und Wünsche der Menschen andocken können. Wie Batterien können unsere Artefakte diese von uns erzeugten Energien speichern, bis sie sich dann im geeigneten Moment entladen.

Meiner Erfahrung nach besitzen fast alle unserer Artefakte solche »Zweck-Reiter«, aber in den meisten Fällen bleiben sie relativ schwach und üben kaum Einfluss auf die Benutzer der Artefakte aus. Zum Beispiel bestehen bei meiner kleinen Yoda-Figur Verbindungen zu dem im kollektiven Bewusstsein der Menschen verankerten Vorstellungsbild des Fantasiewesens Yoda. Der Zweck der Figur besteht zum Teil darin, dieses Vorstellungsbild zu repräsentieren. Es gibt bei ihr aber auch einen »Zweck-Reiter«, der kommerzieller Natur ist. Die Figur wurde dafür geschaffen, sich gut zu verkaufen. Auf einer gewissen Ebene ist es egal, wie sie aussieht, solange potenzielle Käufer sie attraktiv finden. Mir dient die Figur als Ikone für eine Geisteshaltung hoher Weisheit und Einstimmung auf das spirituelle Ganze. Diese von mir auf die Figur projizierte Energie hat schon lange den ursprünglichen kommerziellen »Kauf-mich-Reiter« überlagert und ersetzt.

Während viele von uns geschaffene Artefakte in ähnlicher Weise wie meine Yoda-Figur nur schwach »geladen« oder neutral sind, besitzen andere, Waffen zum Beispiel, starke »Zweck-Reiter«, da wir starke Absichten in sie hineinprojizieren. Die meisten von uns erzeugten »Zweck-Reiter« haben nicht die Partnerschaft mit dem feinstofflichen und physischen Leben in unserer Umwelt zum Ziel. Es geht nicht darum, in den spirituellen, feinstofflichen und physischen Welten, die wir bewohnen, Heilung und Ganzheit zu erschaffen. Zu Gaias Wohlergehen oder wenigstens zum allgemeinen Wohlergehen der Menschheit beizutragen, gehört nur selten zu den Absichten, mit denen wir unsere Artefakte »aufladen«.

Und genau darin liegt das Problem. Wir erschaffen eine auf unserer Technologie beruhende energetische Echokammer, die dann unsere Gefühle der Isolation und Trennung widerspiegelt, nicht jedoch das, was wir im Zustand der Verbundenheit und Ganzheit mit Gaia sind. Wir leben abgetrennt in den Welten unserer eigenen Vorstellungen und Absichten, die zwar mächtig sind, aber nicht ausreichend abbilden, wer wir in der vollen Entfaltung unserer individuellen Heiligkeit sein können.

Unsere Technologie als Ganzes ist ein kollektives Techno-Elemental, das wir selbst erschaffen und mit Energie aufladen. Vielleicht fragen wir uns, welche Arten von Technologie wir erschaffen und wie wir sie nutzen, aber die Existenz der Technologie selbst stellen wir nicht infrage. Wir entwickeln immer neue Technologien, weil wir es können oder weil Bedarf nach ihnen besteht, real oder eingebildet, aber zu diesem Wachstum der modernen technisierten Welt trägt die feinstoffliche Energie der Technik als eine eigene, von uns erzeugte Entität bei, ein weltweit präsentes »Artefakt«. Wir haben einen kollektiven »Zweck-Reiter« erschaffen, der uns als Spezies beeinflusst und unseren Wunsch, immer mehr und neue Technologien hervorzubringen, energetisiert und stimuliert. Dieser »Zweck-Reiter« ist so stark geworden, dass er die Macht hat, unsere Evolution zu gestalten.

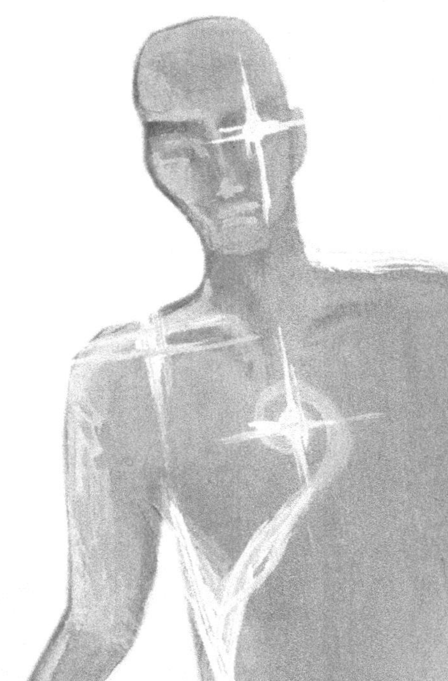

FELDNOTIZ 18

SHAZAM!

Ich war immer schon ein Fan von Superhelden. Als Kind liebte ich die Abenteuer von *Superman* in den Comics aus dem DC-Verlag. Doch meine Loyalität wurde sehr auf die Probe gestellt, als ich den Superhelden *Captain Marvel* aus dem konkurrierenden Verlag Fawcett Comics entdeckte. Seine Superkräfte waren nahezu identisch mit denen *Supermans* (was zu einem langen Rechtsstreit mit DC führte), doch es gab einen Unterschied: *Superman* stammte von einem anderen Planeten. Ich bewunderte ihn, hatte aber das Gefühl, mich nicht wirklich mit ihm identifizieren zu können. Ich war auf der Erde geboren, er nicht. *Captain Marvel* dagegen war ein irdischer Junge meines Alters, Billy Batson, der sich in einen Superhelden verwandeln konnte, indem er laut das Zauberwort »Shazam!« aussprach, das ein alter Magier an ihn weitergegeben hatte. Wenn er in den Comics »Shazam!« sagte, traf ihn ein magischer Blitz, und plötzlich stand da nicht mehr der junge Billy. Er hatte sich in *Captain Marvel* verwandelt! *Das*, so sagte ich mir mit dem Verstand eines Achtjährigen, lag im Bereich des Möglichen.

Ich musste nur noch einen alten Magier finden ...

In gewisser Weise hatte die ganze Menschheit ihren »Shazam-Moment« und wurde von einem transformierenden Blitz getroffen, als Benjamin Franklin seinen Drachen in ein Gewitter lenkte – ein geradezu ikonisches Bild für die Geburt unserer modernen Elektronik. Und mit Thomas Edison hatten wir sogar einen ikonischen Magier: Der »Zauberer von Menlo Park« entwickelte in seinem Labor in New Jersey lauter faszinierende Wunder der Technik.

Nun ist die Menschheit zwar wohl nicht zum Superhelden geworden, aber wir haben durch die Beherrschung des Elektromagnetismus Superkräfte erlangt. Das elektrische Stromnetz ist die Lebensader unserer modernen Zivilisation, einer Zivilisation, die den Planeten radikal verändert hat, in einem Maß, wie es der Menschheit nie zuvor möglich war.

Das brachte uns, wie in Feldnotiz 12 bereits angesprochen, in Verbindung zu einer neuen Domäne elementaler und spiritueller Energien und Wesenheiten, die anders sind als die von mir zuvor beschriebenen Techno-Elementale, also zum Beispiel die Artefaktale und Reiter. Es handelt sich auch nicht wirklich um Verbündete. Und doch kommen wir durch unsere Technologie und Geräte definitiv mit ihnen in Kontakt. Obwohl diese Wesen Teil von Gaias planetarer Evolution sind, handelt es sich um eine Form feinstofflichen Lebens, mit der wir nicht seit Jahrtausenden »aufwuchsen«. Diese relative Unvertrautheit sorgt im Umgang mit ihnen für andere Probleme als mit den »gewohnten« Techno-Elementalen.

Wie schon erwähnt, handelt es sich bei den elektrischen Elementalen um Wesen, die eine Kraft verkörpern, was sie am ehesten mit den Elementalen des Feuers vergleichbar macht. Doch gleichzeitig sind sie grundlegender als diese, erheblich fundamentaler. Sie sind Ausdruck kosmischer Kräfte der Manifestation. Sie helfen, die Existenz des Universums überhaupt erst möglich zu machen.

In Beziehung zu uns sind sie *keine* Hybridwesen. Sie können sich mit Artefaktalen assoziieren, sind aber *keine* Substanz-Elementale. Ihre Präsenz ist nicht an bestimmte Artefakte gebunden. Sie können menschliche Absichten verstärken, vermischen sich aber nicht mit ihnen wie andere Techno-Elementale. Jedenfalls ist das mein momentaner Erkenntnisstand (aber natürlich sind meine Forschungen keineswegs abgeschlossen!)

Wenn ich mich also auf das techno-elementale Leben meiner Schreibtischlampe einstimme, nehme ich das Artefaktal wahr. Außerdem spüre ich die Anwesenheit eines Elektro-Elementals, einer »Intelligenz und geistigen Wesenheit« der Elektrizität, aber die beiden sind nicht dasselbe. Das Elektro-Elemental ist kein Wesen – keine individuelle Entität – wie das Artefaktal der Lampe, und doch verleiht es diesem Artefaktal die Kraft, seine Bestimmung zu erfüllen. Wir haben es also mit einer symbiotischen Beziehung zu tun, vergleichbar einer Flechte, die eine Lebensgemeinschaft aus Algen und Pilzen ist.

Der energetische Einfluss meiner Lampe ist relativ gering. Ich spüre ihn, wenn ich am Schreibtisch sitze, jedoch nicht mehr, wenn ich mich auf der anderen Seite des Zimmers oder in einem anderen Raum aufhalte. Der energetische Einfluss der Elektrizität ist dagegen räumlich viel weniger beschränkt. Die Lampe in meinem Schlafzimmer auf der anderen Seite des Hauses befindet sich in Resonanz mit der gleichen elektroelementalen Energie wie die Lampe auf meinem Computerschreibtisch. Die Artefaktale sind verschieden, aber die elektromagnetische Präsenz ist die gleiche.

Im Ganzen mache ich mit der Präsenz elektromagnetischen Lebens die Erfahrung, dass es sich eher als Feld manifestiert, nicht als an einem Punkt lokalisierbare Quelle. Überall in meinem Haus gibt es Stromleitungen, und der von außen zugeführte Strom fließt nicht nur durch unser Haus, sondern auch durch die Nachbarhäuser. Die Luft um mich herum ist voller Funkwellen, den Signalen der Fernseh- und Radiosender ebenso wie der Mikrowellen des Mobilfunknetzes. Auch wenn es schon immer elektromagnetische Strahlung gab, hat unsere Zivilisation doch gelernt, sie gezielt zu erzeugen, so dass sie unseren Lebensraum in nie da gewesener Weise durchfließen. Während andere Techno-Elementale *mit* uns die gleiche Umwelt bewohnen, sind wir von den Elektro-Elementalen überall *umgeben*. Sie *werden* zu der Umwelt, in der wir leben. Das veranschauliche ich mit Abbildung 16.

So ist eine Situation entstanden, in der wir uns an die von den Elektro-Elementalen erzeugten Felder anpassen müssen statt umgekehrt. Anders als die übrigen Techno-Elementale sind die Elektro-Elementale dadurch zu einem allgegenwärtigen Faktor geworden.

Und worin besteht nun ihr Einfluss?

In Feldnotiz 12 beschrieb ich, dass mein Eindruck von den Elektro-Elementalen anfangs negativ war. Bei allen Techno-Elementalen handelt es sich um nicht-menschliche Organismen, obgleich wir menschenähnliche Eigenschaften auf sie projizieren. Meine ersten Erfahrungen mit den Elektro-Elementalen vermittelten mir aber den Eindruck, sie seien *unmenschlich*. Diese Unmenschlichkeit – die ich als kalte, unpersönliche, anorganische Kraft wahrnahm – stieß mich ab und hatte etwas Bedrohliches. Elektro-Elementale schienen mir aus einer fremden Dimension zu stammen und einen schädlichen Einfluss auf uns auszuüben, der uns von unserem Evolutionspfad weg in die Irre führte. Liebe schien ihnen völlig fremd zu sein.

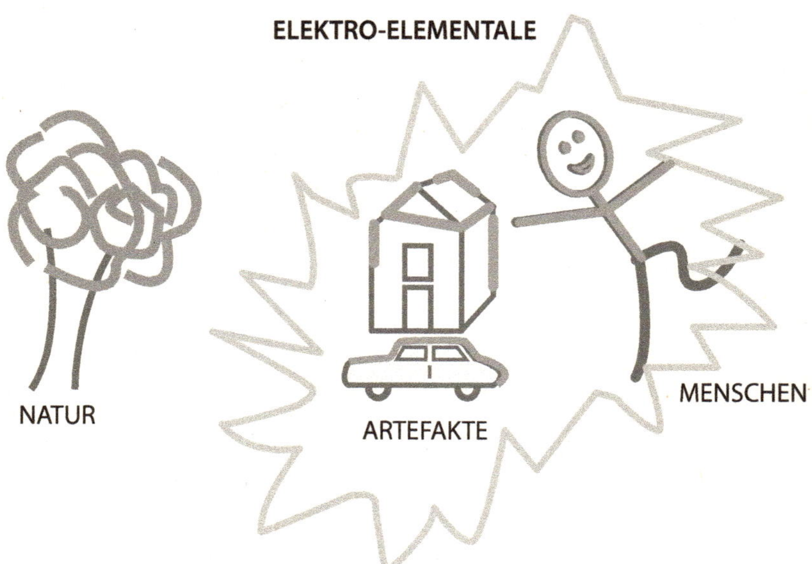

Abb. 16. Die Menschheit ist umgeben von Elektro-Elementalen

Es ist etwas Wahres daran, zumindest auf der oberflächlichen Ebene, aber wenn man tiefer blickt, erkennt man, dass wir es hier mit einem guten Beispiel für die Lektion zu tun haben, nicht zu sehr dem ersten Eindruck zu vertrauen, besonders wenn es um feinstoffliche Phänomene jenseits unserer Erfahrung als inkarnierte Menschen geht. Wie ich in Feldnotiz 12 berichtete, stieß ich später auf eine liebevolle, spirituelle Präsenz – eine Präsenz, bei der es sich meines Erachtens um den Deva handelt, der mit seinem Licht die elektromagnetische Energie schützt und segnet. Inzwischen ist mir klar geworden, dass es sich bei der wachsenden Präsenz von Elektro-Elementalen in unserem Leben nicht um das Einmischen einer fremden Macht in unsere menschliche Evolution handelt, sondern dass hier spirituelle Kräfte am Werk sind, denen es um das langfristige Wohlergehen der Menschheit und der Erde geht. In Wirklichkeit gibt es in der elektro-elementalen Dimension sehr wohl Liebe und Wärme, man muss nur tief genug gehen, um sie zu erkennen.

Das heißt aber nicht, dass die Entwicklung unserer elektrischen Technologie frei von Risiken und Problemen wäre. Elektromagnetische Phänomene können sich eindeutig nachteilig auf unsere Gesundheit auswirken, wobei wir manche dieser schädlichen Effekte jetzt erst entdecken. Doch in diesem Buch gilt mein Interesse der Frage, wie diese Phänomene sich auf unsere feinstoffliche Natur auswirken.

Nach meinem derzeitigen Wissensstand gibt es vor allem zwei bemerkenswerte Effekte.

Der erste hat damit zu tun, dass der Umgang mit Elektrizität noch relativ neu für uns ist. Auch wenn es sich bei Elektromagnetismus und Elektrizität um Bestandteile der natürlichen Welt handelt, ist die Art, wie wir heute mit diesen Energien leben, ein früher nie da gewesenes Resultat unserer Technologie. Wie gesagt hat sich unsere Beziehung und Partnerschaft mit den Elektro-Elementalen nicht über so lange Zeiträume entwickelt wie die zu den anderen Elementarwesen und Devas. Deshalb sind wir erst dabei, uns kennen zu lernen.

Unsere beiden Evolutionslinien müssen erst noch herausfinden, wie wir miteinander auf eine Weise interagieren können, die uns wechselseitig stärkt und unterstützt, statt einander zu behindern und negativ zu beeinflussen. Das dem feinstofflichen elektrischen Leben innewohnende Bewusstsein nimmt die Welt nicht so wahr und reagiert nicht so auf sie wie das menschliche Bewusstsein. Das Problem dabei ist, dass wir als inkarnierte Wesen noch dabei sind, zu entdecken, was es bedeutet, Menschen zu sein. Wir lernen gerade erst, wer wir sind, und entdecken unsere Fähigkeiten. Dagegen wissen die Elektro-Elementale sehr gut, wer sie sind und was sie können.

Wie jede Elementarkraft sind die Elektro-Elementale sehr stark und klar, was ihre Identität und Energie angeht, und diese Stärke und Klarheit kann uns beeinflussen, solange wir in unserer Menschlichkeit nicht ebenso stark und klar sind. Zum Beispiel »denkt« und arbeitet die Elektrizität binär. Ihr Bewusstsein ist so strukturiert, dass es eine einfache, aber machtvolle Logik zum Ausdruck bringt: die Logik des Plus- und Minuspols, ein und aus. Das menschliche Bewusstsein ist komplexer und flexibler. Wir kennen in unserem Leben Polaritäten und Gegensatzpaare, zum Beispiel männlich und weiblich, aber wir sind nicht auf sie begrenzt. Wir können zum Beispiel mehr als zwei Formen von Geschlechtlichkeit zum Ausdruck bringen. Wir können nicht nur »Ja« und »Nein« sagen, sondern auch »vielleicht« und »außerdem«. Wir operieren in einem Spektrum von Mehrdeutigkeiten, das in der Dimension der Elementale im Allgemeinen und insbesondere in jener der Elektro-Elementale unbekannt ist.

Hier besteht die Gefahr, dass wir durch den intensiven Einfluss der Elektro-Elementale in unserer technologischen Umwelt ein Stück weit unsere Menschlichkeit einbüßen. Aus der Welt dieser Elementale können wir Neigungen übernehmen, die zum Hindernis für die Evolution unseres Bewusstseins werden. Wir tun das teils in dem Versuch, uns an die von uns geschaffene neue Umwelt anzupassen, und teils aus dem Wunsch, die Macht und Kraft der Elektro-Elementale für unsere Zwecke zu nutzen. Und wir glauben, um das zu bewerkstelligen, müssten wir so werden wie sie.

Das führt uns zu dem zweiten Effekt. Die feinstoffliche kosmische Macht, deren äußere Manifestation der Elektromagnetismus ist, steigert die Energie anderer Lebensprozesse. Sie kann sie beschleunigen, weshalb auch die menschliche Evolution heute schneller abläuft – das zeigt sich in der Beschleunigung der technischen Entwicklung im vorigen und diesem Jahrhundert. Diese Beschleunigung muss keine tiefen seelischen Wurzeln haben. Es kann sich um ein oberflächliches Phänomen handeln, vergleichbar mit einem Jugendlichen, der schnell die Größe und Körperkraft eines Erwachsenen entwickelt, während er sich emotional noch im Stadium eines Kindes befindet.

Die im frühen zwanzigsten Jahrhundert einsetzende Jagd nach immer größerer wirtschaftlicher Effizienz ist ein Beispiel dafür. Die Fließbandproduktion beschleunigte die Herstellungsprozesse enorm, aber zugleich wurden die Menschen zu Bestandteilen einer industriellen Maschinerie. Ein neueres Beispiel ist die immer größere Verkürzung unserer Aufmerksamkeitsspanne. Die Menschen wollen Informationen heute in kurzen, digitalen Häppchen – weshalb Texten und Tweeten so populär sind. Die Bereitschaft, auf konzentrierte, kontemplative Art zu lesen, schwindet oder geht gar ganz verloren. Die Abendnachrichten bestehen aus einer Abfolge kurzer Schnappschüsse von den Ereignissen des Tages, wobei oft das visuell Aufregende in den Mittelpunkt gestellt wird. Eine Beleuchtung und Analyse der Hintergründe dieser Ereignisse, die es uns ermöglichen würde, sie einzuordnen und zu verstehen, bleibt meistens aus.

Das feinstoffliche Feld der Elektro-Elementale, von dem die Menschheit immer mehr umgeben ist, zwingt uns nicht, auf eine bestimmte Weise zu leben oder zu handeln, aber es verstärkt bestimmte Tendenzen in unserem Bewusstsein. Es beschleunigt und intensiviert unsere emotionalen und mentalen Reaktionen, was gute oder schlechte Folgen haben kann, je nachdem welcher Art diese Reaktionen sind – eher oberflächlich oder aus der Tiefe unserer Seele kommend. Die simpelste Wirkung ist, dass der Stress zunimmt. Wegen des Tempos unserer elektronischen Umgebung ist es schwieriger geworden, Momente der Stille zu finden und zu entschleunigen, es sei denn, wir erschaffen uns diese Momente ganz bewusst. Die Allgegenwart unserer Smartphones bedeutet, dass wir nie den Kontakt zu anderen Menschen verlieren. Allerdings werden wir auch dann von anderen kontaktiert, wenn wir eigentlich Ruhe und Zeit für uns selbst benötigen.

Ich bin bei meinen Nachforschungen zu der Erkenntnis gelangt, dass die elektro-elementale Welt aufrichtig partnerschaftlich mit uns zusammenarbeiten und Gutes für uns bewirken möchte. Aber sie versteht uns nicht, und aus ihrer Sicht verstehen wir uns selbst auch nicht besonders gut. Weil wir in unserer Energie fließend und formbar sind, kann sie uns auf eine Weise beeinflussen, die sie gar nicht beabsichtigt. Ebenso verstehen wir sie nicht, weil wir so wenig von der Ganzheit des Lebens verstehen, vor allem von seinen feinstofflichen Aspekten. Hier gibt es für beide Seiten noch viel zu lernen. Unsere Herausforderung besteht darin, diese neue Situation zu begreifen und zu meistern. Werden wir Menschen, vom feinstofflichen Blitz der elektro-elementalen Welt getroffen, zu Superhelden im Einsatz für die Erde, oder verglühen wir?

FELDNOTIZ 19

MITBEWOHNER

Nun kommen wir zur wichtigsten Frage: Wie können wir mit den Techno-Elementalen auf eine Weise interagieren, die gut für uns und gut für sie ist? Wenn die Techno-Elementale eine zerstörte »Brücke« sind, wie können wir diese Brücke reparieren?

Die Herausforderung, vor die uns die Techno-Elementale stellen, hat zwei Teile. Zum einen geht es um unsere Umwelt, zum anderen um unsere Evolution. Diese feinstofflichen Organismen leben mit uns in den von uns geschaffenen künstlichen Umwelten. Sie spielen bei der Schaffung dieser Umwelten eine ganz wesentliche Rolle. Sie sind die feinstofflichen Lebensformen, die eng mit unseren Artefakten verbunden existieren, von den Werkzeugen, die wir benutzen, über die Kleidung, die wir tragen, bis zu den Gebäuden, in denen wir wohnen und arbeiten. Laut einem Bericht der Vereinten Nationen aus dem Jahr 2014 leben heute weltweit vierundfünfzig Prozent aller Menschen in Städten. Inzwischen dürfte dieser Prozentsatz weiter gewachsen sein. Während unsere Vorfahren inmitten der Natur lebten, sind heute die meisten von uns fast ausschließlich von Dingen umgeben, die von Menschen entworfen, konstruiert und produziert wurden. Die menschlichen Artefakte bilden heute für sehr viele Menschen die tägliche, natürliche Umgebung. Für sie sind die Techno-Elementale das, was für unsere Vorfahren die Naturgeister waren.

Daher wirken sich die Umwelten, die wir erschaffen, unmittelbar auf die Techno-Elementale aus, die dann ihrerseits diese Umwelten beeinflussen, in denen wir leben.

Wie alle Organismen, seien sie feinstofflich oder physisch, lernen Techno-Elementale von ihrer Umwelt und entwickeln sich in ihr. Das bedeutet, dass die Menschheit einen unmittelbaren, wenn auch nicht exklusiven Einfluss auf die evolutionäre Entwicklung dieser Wesen ausübt. Wie ich in Feldnotiz 4 ausführte, leben wir in einem lernenden Universum. Techno-Elementale lernen, indem sie Teil der menschlichen Energiefelder sind und damit Teil unseres Denkens und Fühlens und unserer Spiritualität. Sie lernen so, wie eine Sängerin lernt, die sich eine Melodie immer wieder anhört, oder wie ein Muskel lernt, einen Ball zu werfen, indem er die Wurfbewegung immer wieder ausführt. Die Techno-Elementale lernen, indem sie Teil davon sind oder dadurch beeinflusst werden, wie wir die acht Funktionen feinstofflicher Organismen ausführen. Wie erhalten wir, als im Vergleich zu ihnen höher entwickelte Wesen, unsere Identität aufrecht? Wie tauschen wir untereinander und mit unserer Umwelt feinstoffliche Energien aus? Wie verarbeiten wir diese Energien? Wie stellen wir Verbundenheit her? Wie erzeugen wir in unserer Umwelt Ganzheit – oder versäumen es? Und ist es möglich, Gebrochenheit und Krankheit ebenso zu erlernen wie Ganzheit?

Stellen Sie sich, um zu veranschaulichen, wie wir Techno-Elementale positiv beeinflussen können, zwei Kommilitonen vor, die sich im Studentenwohnheim ein Zimmer teilen – der eine Studienanfänger, der andere aus einem höheren Semester. Wenn der ältere Student in dem Zimmer Chaos und Unordnung erzeugt, wird dem Anfänger zunächst nichts anderes übrigbleiben, als sich damit abzufinden. Schließlich darf ein Anfänger einem alten Hasen nicht sagen, was er zu tun hat! Möglicherweise lernt er durch das schlechte Vorbild, selbst genauso unordentlich zu sein. Vielleicht findet der Student, der schon mehrere Semester hinter sich hat, das Durcheinander ganz okay, aber der Anfänger fühlt sich abgelenkt und das Lernen fällt ihm in dem Chaos schwerer.

Es erscheint offensichtlich, dass der ältere Student die Verantwortung für die Unordnung übernehmen und sie beseitigen sollte, um eine bessere Lernatmosphäre für seinen neuen Mitbewohner zu schaffen. Doch bevor er das tun kann, besteht für ihn der erste Schritt darin, zunächst einmal den Neuling als Kommilitonen anzuerkennen und sich nicht hinter seinem Status als Alteingesessener zu verschanzen. Er wird dann für eine bessere Umwelt sorgen, wenn ihm das Wohlbefinden des neuen Mitbewohners am Herzen liegt und er ihm das Lernen erleichtern, nicht erschweren möchte. Und wenn in dem Zimmer eine angenehme Atmosphäre geschaffen wird, profitieren letztlich beide.

Also besteht im Umgang mit Techno-Elementalen für uns der erste Schritt darin, ihre Existenz zur Kenntnis zu nehmen und ihnen Respekt und Wertschätzung entgegenzubringen. Um eine beschädigte Brücke reparieren zu können, müssen wir erst einmal erkennen, dass sie da ist. Um zum Wohlbefinden eines Mitbewohners beitragen zu können, müssen wir zunächst einmal registrieren, dass dieser Mitbewohner vorhanden ist. Dabei muss es sich nicht um ein mediales Erlebnis handeln. Wir müssen nicht erst hellseherische Fähigkeiten entwickeln, um die

Existenz feinstofflicher Organismen und Energien in unserer Umwelt anzuerkennen. Ein kleines mentales Kompliment an sie ist ein guter Anfang.

Die Probleme mit Techno-Elementalen rühren zu einem großen Teil daher, dass wir ihre Existenz leugnen. Wir akzeptieren die Tatsache nicht, dass alles um uns herum – ich meine, wirklich *alles* – lebendig ist. Wir erkennen das weder energetisch noch spirituell an.

Wir bewohnen eine Welt aus Subjekten, keine aus Subjekten und Objekten. Zu akzeptieren, dass wir Teil eines lebendigen Universums sind, das physische und nicht-physische Realitäten enthält, ist der erste notwendige Schritt.

Wenn wir uns für die Erkenntnis geöffnet haben, dass feinstoffliche Wirklichkeiten und feinstoffliche Organismen existieren, folgt als nächster Schritt, dass wir verstehen, wie wir durch unsere eigene schöpferische feinstoffliche Natur diese feinstofflichen Bereiche und Wesen beeinflussen. Der ältere Student wird zwangsläufig den Studienanfänger beeinflussen, einfach weil sie im selben Zimmer wohnen. Seine Unordentlichkeit mag eine Angewohnheit sein, die er sich zulegte, als er allein wohnte. Wenn er sie beibehält, macht er damit seinem neuen Mitbewohner das Leben schwer. Er sollte sich also bewusst machen, wie sich sein Verhalten auf seine Umgebung auswirkt. Wenn er sich von nun an für ein Verhalten entscheidet, das Achtung und Fürsorge gegenüber seinem Mitbewohner ausdrückt, hilft er, für sie beide eine unterstützende, nährende Umgebung zu schaffen.

Ständig strahlen wir durch unsere Gedanken und Gefühle und durch unser Verhalten feinstoffliche und spirituelle Energien aus, die sich auf unsere feinstoffliche Umwelt und die Wesen auswirken, die diese Umwelt bewohnen. Je mehr wir diese Emanationen zu einer positiven Kraft des Segnens, der Liebe und Wertschätzung für die Wesen machen, die mit uns und um uns herum leben, desto mehr nähren und stärken wir die Techno-Elementale in unserem Leben.

Es gibt in zahlreichen Kulturen die Tradition, Reinigungszeremonien mit Weihrauch oder anderen Duftstoffen durchzuführen. Bei vielen nordamerikanischen Indianerstämmen ist es zum Beispiel üblich, durch Räuchern mit Salbei einen Raum energetisch zu reinigen.

Wir alle sind, feinstofflich betrachtet, in den »Duft« unserer individuellen Inkarnationsnatur gehüllt, der Ausdruck unserer spirituellen, mentalen, emotionalen und physischen Entscheidungen und Aktivitäten ist. Wir »räuchern« also ständig unsere unmittelbare Umgebung, was die Techno-Elementale entweder inspiriert und stärkt oder sich toxisch und verunreinigend auf sie auswirkt. Wir Menschen verfügen über eine machtvolle Energie, die entweder positiv oder negativ, organisierend oder chaotisch, reinigend oder verschmutzend auf die Räume ausstrahlt, die unsere energetischen Mitbewohner mit uns teilen müssen.

Wir sollten das als Verantwortung begreifen, liebevoll auf unsere Welt einzuwirken – etwas, wozu unsere spirituellen Lehrer uns seit Jahrtausenden raten! Wir sind wie lebendige Sterne: Unaufhörlich erzeugen wir feinstoffliche Energien und strahlen diese in unsere Umwelt aus. Darum ist es so wichtig, dass wir erkennen, wie sehr wir das, was wir hervorbringen, durch unsere Entscheidungen und Absichten beeinflussen und gestalten können. Wir verfügen über Souveränität und sind in der Lage, selbständig zu agieren und zu erschaffen. Das ist das zentrale Konzept der Inkarnationsspiritualität. Unsere Wahlfreiheit und Liebesfähigkeit sind die entscheidenden Werkzeuge, um die beschädigte Brücke zu den Techno-Elementalen zu reparieren.

Am einfachsten können wir unsere feinstofflichen Umwelten segnen und energetisieren – sie also mit unserer Liebe und Wertschätzung »räuchern« –, indem wir entsprechend mit den Artefakten in unserer Umgebung umgehen. Wenn ich im Wohnzimmer staubsauge, kann ich dem Teppich bewusst Liebe senden und ebenso dem Fußboden darunter. Wenn ich Geschirr spüle, kann ich mir liebevoll jedes Tellers, jeder Pfanne und jedes anderen Küchenwerkzeugs bewusst werden. Wenn ich ein Zimmer betrete, stelle ich mir vor, wie mein Energiefeld sich ausdehnt und den Raum mit Segnungen und Wertschätzung erfüllt.

Um diese Dinge zu tun, muss ich nicht medial begabt und hellsichtig sein. Ich muss mir nur bewusst machen, dass meine Gedanken und Gefühle mein feinstoffliches Energiefeld prägen, wovon dann abhängt, wie es sich auf die Energiefelder der feinstofflichen Organismen in meiner Umgebung auswirkt. Dabei muss ich gar nicht bewusst an Techno-Elementale denken. Alles, was ich tun muss, ist, mich innerlich auf Freude, Liebe, Vitalität und Dankbarkeit als meinen gewohnheitsmäßigen Seinszustand einzustimmen. Das wirkt sich dann ganz von selbst wohltuend und energetisierend auf meine vielen »Mitbewohner« aus.

Unsere hier beschriebene Beziehung zu den Techno-Elementalen läuft automatisch und zum großen Teil unbewusst ab. Wichtig ist, dass ich mir des allgemeinen Zustandes meines feinstofflichen Energiefeldes bewusst werde – also der Qualität meiner Gedanken und Gefühle. Dann muss ich mich gar nicht bewusst mit meiner feinstofflichen Umwelt und ihren Bewohnern beschäftigen.

Trotzdem können wir natürlich, wenn wir das wünschen, gezielt und fokussiert mit dieser feinstofflichen Umwelt in Kontakt treten. Wir besitzen die Macht, durch unsere Aufmerksamkeit und Absicht den Techno-Elementalen Freude, Liebe,

Dankbarkeit und Vitalität zu senden. Wir können gezielt unsere Artefakte mit Wertschätzung und Liebe und jeder anderen von uns gewünschten positiven Eigenschaft aufladen, die wir gerne manifestieren und verbreiten möchten.

Wenn ich ein Artefakt benutze, zum Beispiel meine Kaffeetasse, kann ich mir einen Moment Zeit nehmen, um es als *lebendige Präsenz* wahrzunehmen, und ihm bewusst Gedanken und Gefühle der Wertschätzung und Liebe senden. Wenn ich meine Schreibtischlampe sehe, nehme ich mir einen Augenblick, um sie ebenfalls als *lebendige Präsenz* wertzuschätzen und zu lieben. Wenn ich mit meinen Fingern die Tastatur meines Computers berühre, um diese Worte zu schreiben, segne, ehre und liebe ich still die Tasten, auf denen ich tippe.

Wenn wir das konsequent tun, strahlen wir damit nicht nur eine positive, lebensbejahende, stärkende feinstoffliche Energie auf unsere Artefakte aus, sondern entwickeln gleichzeitig Denk- und Gefühlsgewohnheiten, die sich insgesamt positiv auf unser Energiefeld auswirken. Wie bereits erwähnt, ist es dafür nicht nötig, dass wir jedem einzelnen Artefakt in unserer Umgebung bewusst Wertschätzung und Liebe senden. Dann wären wir mit nichts anderem beschäftigt! Es genügt, wenn wir es uns zur Gewohnheit machen, unser Energiefeld bewusst mit Liebe und Segen aufzuladen. Diese Qualitäten strahlen dann ganz automatisch auf unsere Umwelt aus.

Es gilt das gleiche Prinzip wie bei einer wertschätzenden Haltung gegenüber unseren Mitmenschen. In einer Menschenmenge muss ich nicht zu jedem Einzelnen gehen und sagen: »Ich wertschätze dich und liebe dich für das, was du bist!« Wenn ich auf dem Times Square in New York Silvester feiere, würde ich einen großen Teil des neuen Jahres benötigen, um den vielen anderen, die sich dort aufhalten, persönlich alles

Gute zu wünschen. Wenn ich aber allgemein eine liebevolle, wertschätzende Haltung praktiziere, werden alle Menschen davon profitieren, denen ich begegne – und auf der feinstofflichen Ebene entsteht ein Feld der Liebe, das noch viele weitere Kreise zieht und viele Menschen berührt und segnet, mit denen ich physisch gar nicht interagieren könnte.

Es gibt noch eine dritte Möglichkeit: Wir können die Verbindung zwischen unserer Welt der Artefakte und der natürlichen Welt fördern und stärken. Am einfachsten gelingt das, indem wir unsere Aufmerksamkeit auf die Interaktion zwischen unserem persönlichen Energiefeld und unserer Umwelt richten. Wenn wir gut auf die Natur eingestimmt sind, uns mit ihr verbunden fühlen, manifestiert sich diese Qualität der Eingestimmtheit und Verbindung in unserem Energiefeld, und wir können sie dann, wie wir gesehen haben, an jedes Techno-Elemental weitergeben, das sich im Einflussbereich unseres Feldes befindet.

Während ich diese Zeilen schreibe, nutzt meine Frau das hier am Nordpazifik seltene sonnige Wetter, um alle Polster und Kissen aus dem Wohnzimmer durchzulüften. Sie hat sie draußen auf der Veranda im Sonnenschein ausgebreitet. Das sieht so einladend aus, dass ich mir vorhin eine »Sonnenpause« gönnte und auf die Veranda ging. Dabei bat ich die Luft-Devas bewusst um einen Segen für die Techno-Elementale in unseren Polstern und Kissen.

Wir können gezielt eine Verbindung zwischen einem bestimmten Teil der Natur und einem oder mehreren unserer Artefakte herstellen. Ein weiteres Beispiel: In unserem Vorgarten, dicht vor dem Haus, steht eine große Douglasie. Wenn wir aus dem vorderen Wohnzimmerfenster schauen, nimmt sie einen sehr prominenten Platz ein. Ich kann Verbindung zu dem Baum aufnehmen, mich auf sein Leben und

Energiefeld einstimmen und ihn bitten, seinen Segen auf unser Wohnzimmer auszustrahlen.

Wir können uns auch auf devische Präsenzen einstimmen und sie bitten, unsere Artefakte zu segnen und sicherzustellen, dass eine gute Verbundenheit zwischen den Artefakten und der natürlichen Welt besteht. Während ich draußen zwischen unseren Kissen und Sofapolstern saß, erbat ich für sie den Segen der Luft-Devas, damit durch sie die Artefaktale gereinigt und energetisiert wurden. Die Energie, die von dem Wesen ausstrahlt, das ich die »Dame vom See« nenne, erwähnte ich bereits. Sie überstrahlt den Lake Sammamish, der in unserer unmittelbaren Nachbarschaft liegt. Ich kann mich auf diese Präsenz einstimmen und sie bitten, mein Haus zu segnen. Oder ich kann – und das praktiziere ich oft – mich auf die Devas der Berge in der Umgebung unseres Tals einstimmen, vor allem den Deva des Mount Rainier, und sie ebenfalls um ihren Segen bitten.

Als ich noch Flugreisen unternahm, stimmte ich mich auf die Luft-Devas ein, wenn ich an Bord des Flugzeugs ging. Ich begrüßte das Techno-Elemental des Flugzeugs, segnete es und unterstützte es bewusst darin, eine gute Verbindung zu den Luft-Devas aufzunehmen.

Diese Beispiele zeigen, wie man die Umwelt für die Techno-Elementale verbessern kann. Somit erhöhen wir ihre Verbundenheit und dadurch ihre Fähigkeit, positiv zu der feinstofflichen Atmosphäre beizutragen, in der wir leben. Wenn der ältere, erfahrene Student Ordnung im Wohnheimzimmer hält, kann der Studienanfänger sich besser einleben und einen positiven Beitrag leisten, und das Lernen fällt ihm leichter.

Das alles gehört zur »Energie-Hygiene«. Es geht darum, dass wir unsere feinstoffliche Umwelt bewusst reinigen und vitalisieren. Auf diese Weise können wir unerwünschte »dunkle Reiter« oder andere negative Entitäten verscheuchen, die durch den psychischen Schmutz angelockt werden, der sich in unserer Umgebung ansammelt, wenn wir nicht genügend auf energetische Reinigung achten.

Indem wir den Techno-Elementalen Vorbilder darin sind, wie man feinstoffliche Energien auf positive Weise verkörpert und zum Ausdruck bringt, tragen wir zu ihrer Evolution bei. Dennoch befinden sie sich nicht auf der menschlichen Linie der Bewusstseinsevolution. Sie lernen andere Lebenslektionen, so wie der Studienanfänger vielleicht Betriebswirtschaft und der ältere Student Astrophysik studiert. Er kann also an den Mitbewohner gute Lerngewohnheiten weitergeben, aber keine spezifischen Lerninhalte. Doch wenn er eine ablenkende, chaotische Umgebung erzeugt, die das Lernvermögen des Studienanfängers beeinträchtigt, schafft das Probleme.

Und genau das tun wir, wenn wir ein negatives, Störungen des Energieflusses verursachendes Feld in unsere Umwelt projizieren, das es den Techno-Elementalen – vor allem den Artefaktalen – erschwert, zu lernen, was sie lernen müssen, und eine gute Verbindung zu ihren »Lehrern« aufzubauen, den höheren Ausdrucksformen devischen und gaianischen Lebens. Aus evolutionärer Sicht müssen wir damit aufhören, durch die von uns erzeugte Negativität die Vitalität und Kraft der Techno-Elementale zu schwächen.

Darüber hinaus können wir durch Übung die Fähigkeit entwickeln, uns auf die Engel und Devas einzustimmen, die den Techno-Elementalen bei ihrer Evolution mit Licht und Segen zur Seite stehen. In unseren Meditationen und unseren aktiven Segnungsritualen können wir Verbindung zu diesen Wesenheiten aufnehmen und darum bitten, dass unser menschliches Feld ihre Evolutionsarbeit nicht behindert, sondern, so weit möglich, diese Arbeit erleichtert und fördert.

Die folgende Abbildung 17 zeigt unsere Möglichkeiten, positiv auf die Techno-Elementale einzuwirken.

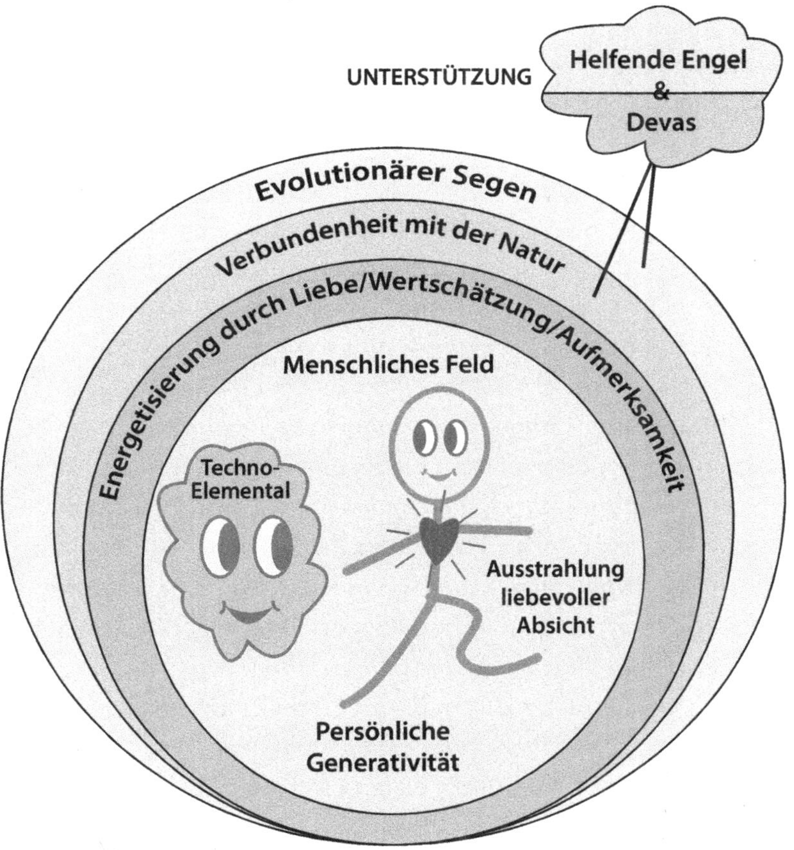

Abb. 17. Positive Wirkung auf Techno-Elementale

In Feldnotiz 13 beschäftigte ich mich mit der partnerschaftlichen, mitschöpferischen Funktion des Sichtbarwerdens, einem

Schlüsselfaktor für die Evolution des Lebens und Bewusstseins. Ich verwendete das Bild des Gralsraumes, um diese Funktion zu veranschaulichen. Die Schaffung von Gralsräumen gehört zum Wichtigsten, was wir für die Techno-Elementale tun können (und auch für die feinstofflichen Wesen der natürlichen Welt). Wie in dieser früheren Feldnotiz beschrieben, können die feinstofflichen Energien der Menschen Artefaktale daran hindern, Verbindung zu Naturgeistern aufzunehmen, die sonst gemeinsam mit ihnen Gralsräume erzeugen und damit das evolutionäre Potenzial der Techno-Elementale anheben würden. Da wir diese Wesen durch unsere Artefakte in unsere Welt geholt haben, stehen wir in der Verantwortung, ihnen diese Hilfe zukommen zu lassen. Das gelingt, indem wir von unserer eigenen Fähigkeit, Gralsräume zu erschaffen, Gebrauch machen.

Mit Hilfe unserer Absicht und Liebe können wir positiv auf Leben und Licht der feinstofflichen Organismen in unserer Umwelt einwirken und sie einladen, gemeinsam mit uns einen Gralsraum zu erschaffen. In einem solchen Raum entsteht ein Feld, das die Evolution aller Beteiligten anregt und vorantreibt. So ermöglichen wir es Lebensformen, an unserer Fähigkeit teilzuhaben, Gralsräume zu erzeugen, die dazu aus sich heraus nicht in der Lage wären.

Im Anhang stelle ich Ihnen eine Übung zur Erzeugung von Gralsräumen vor.

Vor allem sollten wir daran denken, dass das feinstoffliche Leben in den Artefakten, die uns umgeben, in unserer Obhut liegt. Sie alle, Artefaktale, Reiter, Verbündete, Sakramentale und Elektro-Elementale, verdienen unsere Liebe. Wir sind ein wichtiger Faktor für ihr Wohlbefinden und ihre Evolution, manchmal der entscheidende Faktor. Es liegt in unserer Verantwortung als menschliche Wesen, sie nicht zu schädigen und mit

Negativität zu belasten, sie nicht von ihrer natürlichen Umwelt zu isolieren oder ihre Evolution zu hemmen. Wir sind Partner bei der Offenbarung und Manifestierung der Heiligkeit, die der gesamten Schöpfung innewohnt. Wir alle, Menschen und Elementale, sind Studenten an der Universität des gaianischen Lebens und der spirituellen Evolution.

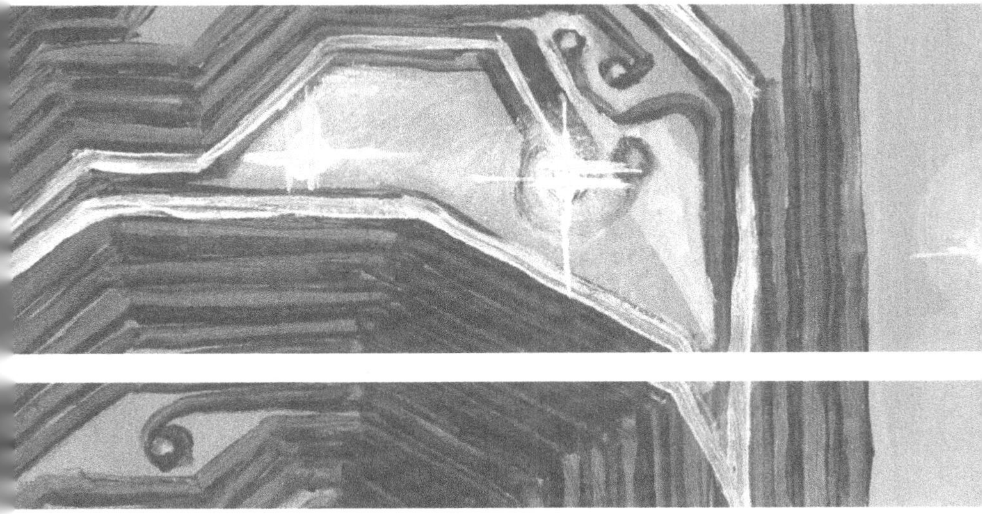

FELDNOTIZ 20

CYBERSPACE, ROBOTER, KI

Die in meiner vorigen Feldnotiz beschriebenen Vorschläge zum Umgang mit Techno-Elementalen gelten für alle unsere Artefakte, elektronisch oder nicht. Die Nutzung von elektrischem Strom hat aber in Gestalt digitaler Technologie ganz neue Arten von Artefakten hervorgebracht.

Cyberspace, Roboter und Künstliche Intelligenz (KI) konfrontieren uns mit einer ganz neuen Erfahrungs- und Bewusstseinswelt, die nach Auffassung mancher Leute möglicherweise sogar unsere Welt ersetzen könnte.

Das Wort »Cyberspace« wurde von dem Science-fiction-Autor William Gibson erfunden, der *Neuromancer* und andere Bücher eines neuen Genres schrieb, das als »Cyberpunk« bekannt wurde. Mit Cyberspace ist der psychologische Raum gemeint, der entsteht, wenn ein Mensch in eine virtuelle, computergenerierte Welt eintaucht. In diesem Sinne ist es ein realer »Ort«, den ich aufsuche, wenn ich meine Online-Seminare unterrichte oder mit Hilfe von Google nach Informationen suche. Aber in vielerlei Hinsicht handelt es sich auch um einen imaginativen Raum, ähnlich dem, der geschaffen wird, wenn Sie einen Roman lesen. Er besitzt keine greifbare materielle Existenz in der physischen Welt, abgesehen von einer Abfolge aus Einsen und Nullen auf Computerservern.

Jaron Lanier bezeichnete den Cyberspace fast zeitgleich und unabhängig von Gibson aufgrund seiner physischen Besonderheit als »virtuelle Realität«, und interessanterweise ahmt dieser virtuelle Raum des Cyberspace, der heute noch so genannt wird, inzwischen als nicht-materielle Realität viele Eigenschaften der realen feinstofflichen Umwelt nach, die uns umgibt. Zum Beispiel funktionieren Raum und Zeit in den feinstofflichen Dimensionen nicht so wie für uns hier in der physischen Welt. Auch wenn ein guter Freund viertausend Kilometer entfernt wohnt, kann ich mich, trotz dieser physischen Entfernung, auf ihn einstimmen, in liebevolle Resonanz mit ihm gehen, und dadurch können wir uns so nahe sein, als stünde er neben mir. Der andere ist gegenwärtig, obwohl unsere Körper sich viele Kilometer voneinander entfernt befinden.

Mit einem Smartphone kann ich mit jedem Menschen auf der Welt in Verbindung treten, der über einen Internetanschluss oder ein Mobiltelefon verfügt.

Ich kann mit meinem Tausende Kilometer entfernt lebenden Freund über Facetime kommunizieren. Dann können wir uns über unsere Smartphones sehen und miteinander sprechen, als befände er sich im selben Zimmer. Das alles geschieht durch diesen »virtuellen Raum«.

In einer Weise, die unseren Vorfahren wie Zauberei erschienen wäre, befreit uns der Cyberspace wie Telegraf, Telefon, Fernsehen, Eisenbahn, Flugzeug und Auto von räumlichen und zeitlichen Beschränkungen. Das muss sich zwangsläufig auf das Bewusstsein des modernen Menschen auswirken. Es ermöglicht uns, unsere Welt anders zu bewohnen als die Menschen vor hundert, zweihundert oder tausend Jahren. In der Welt, wie Mystiker und medial Begabte sie erleben, herrschte schon immer tiefe Verbundenheit, doch heute, durch unsere Technologie, kann praktisch jeder Mensch das auf digitale Weise erleben, als Abfolge von Einsen und Nullen. Das geht weit über die Wirkung einzelner Techno-Elementale hinaus. In Feldnotiz 21 werde ich darauf ausführlicher eingehen.

Vor einigen Jahren erforschte mein Freund und Kollege John Matthews, ein weltbekannter Forscher auf dem Gebiet der Artussage und des keltischen Schamanismus, die digitale Welt als sich neu entwickelnde feinstoffliche Zone. Auch wenn wir unterschiedliche Methoden anwenden, reisten wir so in den Cyberspace, wie wir auch in die feinstoffliche Umwelt reisen würden, und zu meiner und, ich denke, auch Johns Überraschung, entdeckten wir beide, dass hier eine tatsächliche, objektive feinstoffliche Realitätsebene entsteht. Sie ist noch nicht gut ausgeformt – oder war es zumindest damals zu Beginn des einundzwanzigsten Jahrhunderts nicht.

Hier ist eine Anmerkung dazu, die John mir schickte:

»Als ich dorthin reiste, sah ich eine Landschaft, die durch ein Liniennetz definiert war, ähnlich wie in dem Film *Tron*. Wenn ich hinschaute, formte sich daraus ein Hügel oder Tal, und wenn ich wegschaute, hatte ich den Eindruck, dass die Landschaft wieder in ihren unausgeformten Zustand zurückkehrte. Mir wurde klar, was für eine perfekte Metapher für unsere inneren Welten der Cyberspace ist. Er besitzt keine physische Realität, und doch existiert er, und teilweise wird er von uns selbst in Zusammenarbeit mit dem Universum erschaffen.«

Zu einer anderen Zeit schrieb er:

> »In einem meiner Schamanismus-Seminare brachte ich den Teilnehmern bei, durch ihre Computermonitore in ein neues Land der Anderswelt zu reisen. Meine Verbündeten beschrieben das als ›in Arbeit befindliches Werk‹. Sie sagten mir, durch unsere Reisen in den Cyberspace würden wir in den feinstofflichen Welten ein neues Land erschaffen.«

Ich machte ähnliche Erfahrungen. Doch als ich Ausschau nach »Cyber-Elementalen« hielt, Wesen also, die ausschließlich mit dem Cyberspace verbunden waren, entdeckte ich keine. Ich kam aber in Kontakt mit feinstofflichen Verbündeten, die normalerweise Menschen begleiten, was ja durchaus einen Sinn ergibt, wenn man bedenkt, dass der Cyberspace in vielerlei Hinsicht eine Projektion des menschlichen Bewusstseins ist. Nach einiger Zeit bemerkte ich eine Art von Engel-Präsenz, die dieses sich neu entwickelnde feinstoffliche Gebiet erhellte und Segen darauf ausstrahlte. Ich würde aber nicht sagen, dass es sich dabei um einen speziellen »Engel« oder »Deva« des Cyberspace handelte, wobei ich natürlich nicht ausschließen kann, dass ein solches Wesen existiert.

Als wichtigster Aspekt des Cyberspace erschien mir ein Phänomen, dass ich in den frühen 1990er Jahren zufällig entdeckte, als PCs noch recht neu waren. Probehalber unterrichtete ich einige Seminare im Internet. Da ich schwerhörig bin, war das für mich in gewisser Weise eine Erleichterung, da die Kommunikation mit den Teilnehmern in schriftlicher Form erfolgte. Trotzdem war ich alles andere als sicher, ob es funktionieren würde. Zwar waren bei Präsenzseminaren meine Hörprobleme mitunter hinderlich, aber das wurde durch das Feld aus feinstofflicher Energie und Resonanz, das die Teilnehmer und ich gemeinsam aufbauten, mehr als ausgeglichen, ja die feinstofflichen Energie-Übertragungen zwischen uns bildeten sogar ein besonders wichtiges Element dieser Seminare. Ich hatte keine Ahnung, ob das auch online funktionieren würde.

Doch es zeigte sich, dass dieses zwischen mir und meinen Online-Schülern erzeugte feinstoffliche Feld genauso stark und manchmal sogar stärker war als jenes, das sich bei den Präsenzseminaren manifestierte, wenn wir uns alle zusammen in einem Raum befanden. Ich stellte fest, dass der Cyberspace oder virtuelle Raum als kraftvoller Leiter für feinstoffliche Energien wirken konnte, was, wenn ich darüber nachdachte, vollkommen nachvollziehbar war, da es sich ja seinerseits um eine im Wesentlichen mentale und imaginative Welt handelte. Auch fehlten die Ablenkungen, die in der physischen Welt jederzeit auftreten konnten. Dadurch konnte sich das feinstoffliche Feld ganz ungehindert aufbauen, ohne von unseren persönlichen Reaktionen darauf beeinträchtigt zu werden, wie jemand aussah oder seine Stimme sich anhörte!

Aufgrund dieser Erfahrung begann ich, den Cyberspace als Medium zum Aussenden von Segnungen zu nutzen. Ich arbeite fast täglich am Computer, nutze ihn zum Schreiben und unterrichte Online-Seminare. Wenn ich mich einlogge und die digitale Verbindung zwischen meinem Computer und dem Internet aufgebaut wird, mache ich mir bewusst, dass ich einen Raum betrete, der von Millionen Menschen geteilt wird. Ich nehme Verbindung zu meinen spirituellen Verbündeten auf und bitte darum, dass meine Anwesenheit im Cyberspace eine Tür sein soll, durch die Segnungen zu denjenigen fließen mögen, die sie am meisten brauchen. Ich nutze also die Resonanz, die von unzähligen Menschen, die zur gleichen Zeit das Gleiche tun, erzeugt wird, um einen Link zu erschaffen, durch den Segnungen und gute Energie fließen können.

Diese einfache Praxis, die jeder Mensch anwenden kann, verwandelt den Computer in ein spirituelles Werkzeug. Und das funktioniert auch mit einem Smartphone. Jedes digitale Gerät, das uns den Zugang zum Cyberspace als »Raum der Verbindungen« ermöglicht, kann auf diese Weise als Portal für Segenswünsche genutzt werden.

Die immer rasantere Entwicklung von Robotern und Künstlicher Intelligenz sorgt heute häufig für Schlagzeilen. Meine Kinder spielten, als sie klein waren, mit einfachen Robotern, doch diese unterschieden sich, was ihre Beschaffenheit als Artefakte betraf, nur unwesentlich von anderen elektrischen oder mechanischen Geräten in unserem Haushalt. Ich hatte bisher keine Gelegenheit, kompliziertere Roboter oder Künstliche Intelligenzen zu untersuchen, und weiß daher nicht, welche feinstofflichen Aspekte es bei ihnen gibt. Ich vermute, dass die Elementale und Reiter, die von ihnen angezogen werden, zwar deutlich komplexer sind, dass sie ansonsten aber sehr den Maschinen ähneln, die wir bereits kennen.

Allerdings könnte eine Künstliche Intelligenz, die lernfähig ist und sich selbst so weit entwickelt, dass sie ihre eigene Programmierung modifiziert und transzendiert, durchaus ein feinstoffliches Feld erzeugen, das dazu in der Lage wäre, ein komplexes Bewusstsein zu beherbergen. Dann müsste man darüber nachdenken, wann vielleicht eine Grenze der Evolution überschritten ist, von der an eine Intelligenz nicht länger als »künstlich« angesehen werden kann. Könnte ein hochentwickelter digitaler Organismus eine Seele oder spirituelle Intelligenz besitzen?

Aufgrund meines Wissens über die feinstofflichen Welten und die Dynamik der feinstofflichen Energien halte ich das für möglich. Ich bezweifle jedoch, dass Wissen und Können – und Weisheit und Liebe – der heutigen Kybernetiker und Robotik-Ingenieure dafür ausreichen, ein solches digitales Wesen zu erschaffen, vor allem wenn man die materialistische Einstellung unserer Gesellschaft berücksichtigt.

Hier gibt es noch ein weites Feld für feinstoffliche Forschungen, die weit über das hinausgehen dürften, was ich zu leisten vermag. Meine Erfahrung mit der digitalen Welt beschränkt sich auf meinen Computer und mein Smartphone, und als Artefakte weisen sie die gleichen Techno-Elementale und Elektro-Elementale auf wie alle anderen menschengemachten Objekte in meiner Umwelt. Wir stehen erst am Anfang, wenn es darum geht, die feinstofflichen Aspekte digitaler Technologie zu erforschen.

Eines aber ist für mich klar. In einer Zeit, in der unsere Technologie immer komplexer wird und menschliche Fähigkeiten immer besser nachahmt, kommt es um so mehr darauf an, dass wir unsere Ganzheit bejahen und bekräftigen. Maschinen sind längst in der Lage, Arbeiten besser zu verrichten, als wir es mit unseren Muskeln je könnten, und Computer führen mentale Aufgaben schneller und exakter aus als wir. Doch weder kommen diese Technologien auch nur ansatzweise der Komplexität der menschlichen Seele nahe noch besitzen sie unsere Empathie und liebevolle Fähigkeit, Ganzheit zu erzeugen.

Während unserer gesamten Geschichte beeinflussten uns unsere Werkzeuge, doch hat mit den digitalen Werkzeugen – unseren Computern, Robotern und Künstlichen Intelligenzen – diese Beeinflussung nie dagewesene Ausmaße angenommen. Sie kann sich auf unsere gesamte Evolution auswirken und bestimmt zunehmend unser Bild von uns selbst und unserer menschlichen Natur. Zum Beispiel haben wir, obwohl unser Gehirn viel komplexer als jeder Computer ist, die Angewohnheit entwickelt, über uns selbst zu sprechen, als wären wir von IBM hergestellte Apparate: Wir »programmieren« uns, dieses und jenes zu tun, oder wollen unsere »Performance« verbessern. Indem wir uns selbst mit den gleichen Begriffen wie unsere Werkzeuge definieren, begrenzen wir unser menschliches Potenzial.

Inzwischen gibt es sogar Bewegungen, die propagieren, dass wir unser Bewusstsein in Computer »hochladen« und auf diese Weise die »Fleisch-Welt« hinter uns lassen sollen. Die das fordern, nennen sich »Transhumanisten« und sind der Ansicht, der Mensch sei als organisches Lebewesen zu schwach, zu eingeschränkt. Deshalb bestünde unsere einzige Hoffnung, uns zu einer besseren Lebensform zu entwickeln, darin, dass wir uns in digitale Wesen verwandeln – also sozusagen selbst Techno-Elementale werden.

Unsere Werkzeuge waren immer in der Lage, uns zu verführen, doch nie war eines von ihnen verführerischer als die digitalen Technologien, die sich heute so rasant ausbreiten. Der richtige Umgang mit unserer modernen Technik und den feinstofflichen Organismen, die Teil von ihr sind, den Techno-Elementalen, besteht aber nicht darin, dass wir werden wie sie. Vielmehr müssen wir viel deutlicher als bisher dafür einstehen, wer und was wir als menschliche Wesen eigentlich sind. Wir können keine symbiotischen Partner sein, wenn wir unserem Part in dieser Partnerschaft nicht gerecht werden. Im feinstofflichen Leben geht es nämlich um Partnerschaft, nicht um Dominanz.

FELDNOTIZ 21

PARTNERSCHAFT

Ich möchte noch einmal betonen, was ich in der Einführung schrieb, dass das Reich der Techno-Elementale komplex und groß ist und dass es in ihm noch viel zu entdecken gibt, ganz wie im Reich der organischen Biologie. Wir fangen gerade erst damit an. Außerdem beginnt sich der Einfluss der Techno-Elementale, vor allem im elektronischen und digitalen Bereich, erst jetzt wirklich zu entfalten. Auch im Hinblick auf unsere eigene Evolution stehen wir hier noch ganz am Anfang.

Folgendes ist für mich aber schon jetzt offensichtlich: Wir werden keine großen Fortschritte machen, wenn wir die Techno-Welt und die natürliche Welt als Gegensätze betrachten und die eine für besser als die andere halten. In Wirklichkeit gibt es nämlich nur eine Welt mit vielen verschiedenen Teilen und Elementen, die in einer komplexen Ökologie zusammenwirken. Die technologische Welt wurde zwar von Menschen erschaffen, existiert aber nicht in einem Vakuum.

Für viele von uns ist die technologische Welt das alltägliche Äquivalent zu den Wäldern und Feldern, den Flüssen und Bergen unserer Vorfahren. Sie ist ein Ökosystem, in dem uns neue

Formen des Schamanismus, der Spiritualität und der inneren Arbeit offenstehen. Und wir brauchen diese neuen Formen, um mit den Techno-Elementalen partnerschaftlich zusammenarbeiten zu können. Wir müssen lernen, das feinstoffliche Leben, das wir in unsere menschliche Welt geholt haben, zu integrieren und so die negativen Effekte zu minimieren, die auftreten, wenn es an dieser Integration fehlt. Daher empfiehlt es sich, denke ich, dass wir damit aufhören, in unserem Denken Natur und Technik voneinander zu trennen, sondern uns für die tieferen, spirituellen Aspekte dieser rings um uns neu heranwachsenden Techno-Welt öffnen.

Glücklicherweise liegt das völlig im Rahmen unserer Möglichkeiten. Wir brauchen dazu nur unser Denken zu öffnen, unsere Weltsicht zu erweitern. Das ist eine nicht immer ganz leichte Aufgabe, aber absolut machbar.

Ein erster wichtiger Schritt besteht darin, die technischen Geräte in unserem Leben wertzuschätzen, liebevoll mit ihnen umzugehen und sie als Bindeglieder zu einer Welt zu begreifen, die sich sehr stark von unserer eigenen unterscheidet, aber ebenfalls Teil der heiligen Ganzheit ist.

Selbst wenn ich ein bestimmtes technisches Gerät oder seine Funktion nicht mag, kann ich es trotzdem als Ausdrucksform der Heiligkeit der lebendigen techno-elementalen Kraft betrachten, mit der es verbunden ist.

Auch kann ich neue Formen spiritueller Praxis ausprobieren. Wenn ich einem schamanischen Weg folge, kann ich neben den mir vertrauten Helfern aus der natürlichen Welt genauso auch unter den Techno-Elementalen nach Verbündeten suchen. Warum kann nicht mein Smartphone, durch das ich Segen verbreiten kann, mein »Krafttier« sein? Oder ein Fernseher, ein Computer oder eine Harley-Davidson?

Kann ich nicht in Situationen, in denen ich meine spirituellen Verbündeten um Hilfe bitte, auch die technischen Geräte in meiner Umgebung, beziehungsweise deren Elementale, in diese Anrufung einbeziehen? Vielleicht kann mir ja auch das Techno-Elemental meines Druckers, meines Autos oder meiner Geschirrspülmaschine helfen? Oder das meines eMail-Accounts oder Skype-Anschlusses? Ich weiß von vielen Menschen, dass sie gerade genau solche Erfahrungen machen – und immer mehr und häufiger in dieser zunehmend technisierten Zeit.

Ich kann meine eigenen Methoden der Einstimmung und Integration praktizieren, und wenn ich mich auf diese Weise auf die größere Welt des Geistes einstimme, kann ich die technischen Geräte in meiner Umgebung segnen. Ich kann ein Gerät nicht nur wegen der Funktion wertschätzen, die es für mich erfüllt, sondern auch einfach für sein Sosein.

Ich kann mich weigern, meine Welt in künstliche Dinge und natürliche Dinge aufzuteilen, sondern darauf beharren, dass mein Bewusstsein und meine Geisteshaltung ein Feld der Einheit und Integration erzeugen, das diese beiden Aspekte der Natur zusammenführt, Nähe und Einssein schafft.

Damit ich ein guter Partner für die Techno-Elementale werde, muss die Präsenz meiner Menschlichkeit, meiner Persönlichkeit stark und klar sein. Wenn Elementale mich dann beobachten und von mir lernen, werde ich ihnen ein gutes Beispiel dafür geben, was einen Menschen ausmacht.

Es handelt sich hier um eine sich entwickelnde Partnerschaft. Wir können ihre positive Entwicklung fördern, indem wir aufhören, unsere technisierte Umwelt als unspirituell zu betrachten, und sie stattdessen dazu anregen, sich auf die Heiligkeit einzustimmen, aus der wir alle kommen. Techno-Elementale besitzen aufgrund ihrer Natur als spirituelle Wesen die Gabe, unsere Technologie harmonisch mit dem großen Ganzen zu verbinden. Indem wir sie anerkennen, wertschätzen und partnerschaftlich mit ihnen zusammenarbeiten, helfen wir ihnen, dieses Potenzial zu entfalten.

Wesen und Funktion der Techno-Elementale bieten ein reiches Feld für spirituelle Forschungen. Es gibt hier noch viel mehr zu entdecken als das, was ich in diesem Buch schildere. Mein Ziel war es, Ihnen zunächst einmal einen klaren, einfachen Einstieg in das Thema zu ermöglichen und Ihnen im Wesentlichen zwei Erkenntnisse zu vermitteln.

Erstens möchte ich darauf aufmerksam machen, dass Techno-Elementale existieren und dass unsere Artefakte, unsere von uns geschaffenen technisierten Umwelten, erfüllt sind von feinstofflichen Lebensformen und spirituellen Kräften. Und zweitens sollten wir uns bewusst werden, dass die Welt der Techno-Elementale uns braucht und von uns abhängig ist. Sie braucht unser partnerschaftliches Engagement, damit die Brücke der Gemeinschaft, Kommunikation und Ganzheit wiederhergestellt werden kann. Dieses Bedürfnis können wir befriedigen, indem wir den Elementalen und unseren Artefakten, die mit ihnen verbunden sind, Wertschätzung und Liebe entgegenbringen. Das ist die Grundlage für jede Form der Zusammenarbeit mit feinstofflichen Organismen überhaupt, und da machen die Techno-Elementale natürlich keine Ausnahme.

Wir in der modernen Welt haben bereits eine lange Bewusstseinsreise hinter uns. Sie führte von den Talismanen zur heutigen Technik, vom schamanischen Weltverständnis, das alles als lebendig ansieht, zur technologischen Betrachtungsweise, wonach der Kosmos aus lebloser Materie besteht, die der Mensch sich mit seiner Ingenieurskunst und seinen Werkzeugen untertan macht. Während die menschliche Zivilisation angesichts der großen Schwierigkeiten und Herausforderungen des Umweltschutzes wieder lernt, eine ökologische Perspektive einzunehmen, haben wir die große Chance und Notwendigkeit, dass wir uns auch wieder als Teil eines lebendigen Universums begreifen, in dem alles mit allem verbunden ist. So beleben und energetisieren wir unser inkarnierte Seelen-Präsenz. Den richtigen Umgang mit den Techno-Elementalen zu erlernen und eine partnerschaftliche Beziehung zu ihnen aufzubauen, ist ein wichtiger Schritt in diese Richtung.

Ich wünsche Ihnen, dass aus diesem Schritt großer Segen für Sie und alle Wesen in Ihrer Welt erwächst.

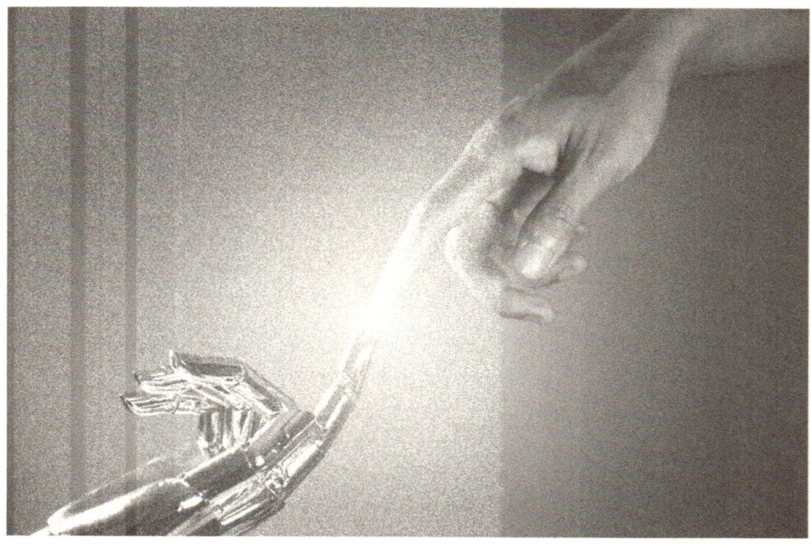

Übungen

Jedes Mal, wenn wir ein Artefakt benutzen, ein Gebäude oder ein Zimmer betreten oder etwas betrachten, das jemand geschaffen hat, bietet sich uns die Gelegenheit, Verbindung zu den Techno-Elementalen aufzunehmen. Am einfachsten gelingt das, indem wir ihre Anwesenheit und ihr Leben als Wesen, die wie wir Teil der Evolution sind, wertschätzen und als gut bejahen. Wir können sie segnen für das, was sie sind und was sie tun – für die Heiligkeit, die in ihnen wohnt –, und ihnen Liebe senden. Mit anderen Worten: Seien Sie sich bewusst, dass Sie überall von Leben umgeben sind und erweisen Sie diesem Leben Ehre.

Wenn Sie sich in Ihrem Zuhause oder einem anderen Gebäude aufhalten, bietet sich eine einfache Übung an: Stimmen Sie sich auf einen Engel oder Deva ein, der Ihr Zuhause oder das Gebäude mit seinem Licht segnet und erhellt. Grüßen Sie ihn liebevoll und bitten Sie ihn, alle feinstofflichen – und selbstverständlich auch die physischen – Lebewesen innerhalb seines Bewusstseinsfeldes zu segnen, das in der Regel das Innere dieses Gebäudes umfassen wird. Wenn Sie bewusst eine gedankliche Verbindung zwischen den örtlichen Techno-Elementalen und dieser segnenden Engel- oder Deva-Intelligenz herstellen, stärken und fördern Sie damit durch Ihre eigene Energie die bereits bestehenden feinstofflichen Verbindungen.

Wenn Sie einen intensiveren Kontakt zu den Techno-Elementalen in Ihrer Umgebung aufbauen möchten, empfehle ich als Einstieg die beiden folgenden Übungen – *Liebevolle Berührung* und *Gralsraum*.

Liebevolle Berührung

Bei dieser Übung segnen Sie einen bestimmten Gegenstand und die Techno-Elementale in ihm und seiner Umgebung.

- Erzeugen Sie in sich ein für Sie deutlich spürbares Liebesgefühl. Sie können sich zum Beispiel vorstellen, dass Ihr Herz vor Liebe überfließt oder dass Ihre Wirbelsäule leuchtende Liebesenergie ausstrahlt. Bringen Sie die höchste Form der Liebe zum Ausdruck, die Sie in diesem Moment authentisch in Ihrem gesamten Sein spüren – in Körper, Geist, Herz, Energie und Seele.
- Fühlen Sie, wie diese Liebe aus der Mitte Ihres Seins hervorströmt und durch Ihre Arme hinunter in Ihre Hände fließt. Fühlen Sie, wie diese Liebe sich in ihren Fingerspitzen sammelt.
- Strecken Sie die Hand aus und berühren Sie etwas. Fühlen Sie, wie dabei die Liebe aus Ihren Fingerspitzen hinüberströmt. Bei dieser liebevollen Berührung nehmen Sie selbst keine Energie von außen auf. Auch projizieren Sie Ihre Energie nicht bewusst in den Gegenstand, den Sie berühren. Lassen Sie einfach geschehen, dass die Liebesenergie sich in Ihren Fingerspitzen sammelt und hervorströmt, so dass der Gegenstand, den Ihre Finger berühren, die Energie auf seine Weise absorbieren kann.

- Visualisieren Sie, dass diese aus Ihnen hervorströmende Liebe das feinstoffliche Leben des von Ihnen berührten Gegenstandes erreicht und segnet. Bitten Sie darum, dass Ihre Liebesenergie die Techno-Elementale des Gegenstandes nährt und stärkt.
- So, wie die Liebe durch Ihre Fingerspitzen strömt, fließt und zirkuliert sie auch durch Ihr eigenes Sein und erfüllt es.
- Ebenso fließt und zirkuliert die Liebe, die von Ihnen ausstrahlt, durch Ihre Umgebung, breitet sich wellenförmig von den Gegenständen aus, die Sie berühren, so dass der Einfluss Ihrer liebevollen Berührungen alle feinstofflichen Wesen in Ihrer Umgebung erreicht und nährt.
- Wenn Sie das Gefühl haben, dass es Zeit ist, die Übung zu beenden, lösen Sie Ihre Finger von dem Gegenstand und stellen Sie sich vor, dass die Liebe nun in alle Teile Ihres Körpers fließt.

Gralsraum

Einführung

Die Bezeichnung »Gralsraum« verwende ich für alle Räume oder Felder feinstofflicher Energien, die mit Heiligkeit angefüllt sind, so, wie der Heilige Gral in der Sage das transformative Blut Christi enthielt. In diesem Fall manifestiert sich Heiligkeit als das Bewusstsein und der Prozess, durch die sich Schöpfung manifestiert und in der Inkarnation entfaltet.

Wir leben im Gralsraum. Der Kosmos ist der ursprüngliche Gralsraum, der das Schöpfungsmysterium enthält, also das, was ich das Heilige nenne. Wir können diesen ursprünglichen

Gralsraum jederzeit in unserer lokalen Umgebung deutlich erfahrbar hervortreten lassen, indem wir den Inkarnationsprozess segnen und ehren, durch den sich Gegenwart und Kraftstrom des Heiligen manifestieren.

Die Praxis, einen lokalen Gralsraum zu erzeugen, gehört zu den Grundlagen der Inkarnationsspiritualität. Dabei fokussieren wir uns auf unsere Souveränität und unser Selbst-Licht und aktivieren dadurch unsere lokale Umgebung dergestalt, dass das Leben und Licht des ursprünglichen Gralsraums, also des Heiligen selbst, deutlich hervortritt und besser erlebt und erfahren werden kann. Wir verbinden uns also durch Präsenz und Liebe mit allem, was uns umgibt. Wir ehren unsere Umwelt und verbinden uns bewusst mit ihr. So laden wir die in ihr lebenden Wesen dazu ein, energetisch zu antworten und ihre eigene Gralskapazität zum Ausdruck zu bringen. Es ist wie eine gegenseitige Umarmung, durch die unsere Umwelt, mit uns selbst in ihr, zu einem Gral wird, in dem das Heilige hell erstrahlen kann.

Die Erzeugung eines Gralsraumes beruht auf Gegenseitigkeit. Es ist nichts, was wir der Umwelt aufzwingen. Es ist eine Einladung, die es unserer Umwelt ermöglicht, so darauf zu reagieren, wie sie es in diesem Moment kann. Gralsraum wird aus Beziehung und gegenseitiger Zuwendung geboren, bei der die Souveränität und Identität aller Beteiligten respektiert wird.

Die Erschaffung eines Gralsraumes ist eigentlich einfach, aber ich beschreibe sie in mehreren Schritten, um Ihnen den Vorgang zu veranschaulichen. Der Text mag Ihnen etwas lang erscheinen, aber es ist wirklich ein sehr schneller, einfacher Prozess. Der Hauptunterschied zwischen dieser Methode und der Methode, dass Sie einfach Liebe in Ihre Umwelt ausstrahlen, besteht darin, dass Sie bewusst eine partnerschaftliche Verbindung zu allem Leben in Ihrer Umgebung herstellen. Es ist nicht so, dass Sie etwas mit Ihrer Umwelt machen, sondern Sie wirken daran mit, einen für alle gleichermaßen segensreichen Raum zu erzeugen, in dem dann das Heilige angerufen werden kann.

Stellen Sie sich vor, dass Ihre Umwelt aus lauter Personen besteht und dass sie alle sich die Hände reichen und einen großen Kreis bilden. Das ist der Kreis, der den Gralsraum erschafft und in dem das Heilige beschworen und angerufen wird.

Die Übung

- Beginnen Sie, indem Sie sich auf Ihre Souveränität fokussieren, auf das Gefühl Ihrer eigenen einzigartigen Identität und die Verbindung zu Ihrer Seele und dem Heiligen. Wenn Sie möchten, können Sie sich diese Souveränität als »Lichtsäule« in Ihrem Inneren vorstellen, als eine Achse, um die herum Ihr physischer und Ihre feinstofflichen Körper sich aufbauen und organisieren.
- Stellen Sie sich vor, dass diese Lichtsäule heller und heller wird, während sie aus der Liebe in Ihrer Seele und dem Heiligen in Ihnen gespeist wird. Während dieses Licht in Ihnen heller wird, dehnt es sich aus und umhüllt Sie.
- Stellen Sie sich vor, dass Sie in einem Lichtoval stehen. Dieses Licht strömt aus der »Säule« Ihrer Souveränität und Individualität. Sie sind von allen Seiten, von oben und von unten in dieses Oval gehüllt. Es verbindet Sie mit den Energien der Welt. Es strahlt als Ihr persönlicher Gral von Ihnen aus, als Ihr Inkarnationsfeld des Heiligen.
- Alles in Ihrer unmittelbaren Umgebung ist Ausdruck dieser Heiligkeit. Alles, was Sie sehen, hat Anteil an dem ursprünglichen Gralsraum. Jedes Wesen und jedes Ding besitzt seine eigene »Säule« aus inkarnierter Absicht und Licht, seine

eigene Form der Souveränität und Identität, seine eigene Bestimmung, seinen eigenen evolutionären Geist. Stellen Sie sich vor, dass alles in Ihrer Umgebung seinen eigenen »Lichtgral« in diese Umgebung, diesen Raum, ausstrahlt. Ehren und wertschätzen Sie alle diese »Säulen« und »Grals-lichter« inkarnierter Heiligkeit.

- Stellen Sie sich vor, dass Ihr innerer persönlicher Gral, Ihr inkarniertes Licht, sich in den Raum ausdehnt und sich in Liebe mit den Myriaden anderen Lichtern in Ihrer Umgebung verbindet und sie einlädt, mit Ihnen partnerschaftlich zusammenzuwirken. Spüren Sie, wie Ihr Licht die umgebenden Lichter heller leuchten lässt und sich mit ihnen vermischt. Fühlen Sie, wie diese Lichter Ihr Licht heller leuchten lassen und sich mit ihm vermischen. Sie formen eine feinstoffliche Partnerschaft mit Ihrer Umwelt und allem Sichtbaren und Unsichtbaren darin. Fühlen Sie, wie diese Partnerschaft Ihre unmittelbare lokale Umgebung in einen Gral verwandelt, einen Gral, den sie gemeinsam mit allem Leben in Ihrem Umfeld erschaffen und teilen.
- Dieses Gefühl der Partnerschaft und das Feld wechselwirkender Energie, von dem es erzeugt wird, ist der Gralsraum. Es handelt sich um ein Feld partnerschaftlicher Zusammenarbeit und Unterstützung bei dem Inkarnationsprozess aller Lebensformen in Ihrer örtlichen Umgebung, einer Gemeinschaft, die eine Gegenwart des Heiligen, eine Gegenwart Gaias, empfangen und aufrechterhalten kann.
- Stehen Sie in diesem Gralsraum und nehmen Sie diese Gegenwart des Heiligen wahr, die in Ihnen und Ihrer Umwelt jetzt deutlich verstärkt wurde. Stellen Sie sich vor, dass die heilige Gegenwart in dem Gralsraum jetzt alles Notwendige tut, um Ganzheit und Wohlergehen in Ihrer

Umgebung zu fördern und sie dann von dort in die größere Welt hinausfließen zu lassen, als Energie, Segnungen, Liebe und Lebendigkeit.

- Bleiben Sie in diesem Gralsraum, solange es sich für Sie angenehm anfühlt. Wenn Sie sich erschöpft oder unruhig fühlen, ziehen Sie Ihr Selbst-Licht einfach wieder in Ihr Inneres zurück und danken Sie Ihren energetischen Partnern für ihre Mitwirkung. Stellen Sie sich vor, dass auch sie ihr Inkarnationslicht wieder in sich selbst zurückziehen, und seien Sie sich bewusst, dass Ihre gemeinsame Umwelt so lange, wie es ihr möglich ist, in Resonanz zu dem Licht und der Gegenwart bleiben wird, die sie gemeinsam beschworen haben.
- Fokussieren Sie sich wieder auf Ihre Souveränität und bejahen Sie Ihre Integrität, Identität und Verbundenheit mit dem Heiligen. Widmen Sie sich dann wieder Ihren alltäglichen Angelegenheiten.

• ·✦· •

Weitere Übungen zur Arbeit mit feinstofflichen Energien und feinstofflichen Wesen finden Sie in dem englischsprachigen Buch *Working with Subtle Energies*. Ausführliche Informationen zu den Prinzipien der Inkarnationsspiritualität enthält das US-Buch *Journey into Fire*. Darüber hinaus bietet die Lorian Association Seminare und Workshops zu diesen Themen an. Nähere Informationen hierzu finden Sie auf der Webseite:

www.Lorian.org

Abbildungen

Danksagung

Das hier präsentierte Material nahm seinen Anfang als Workshop mit Experimenten und Erklärungen, wurde zu einem Thema meines esoterischen Magazins *Views from the Borderland*, und nun entstand ein Buch daraus. Ich möchte an dieser Stelle den Teilnehmern meiner Workshops für die vielen Gespräche und Diskussionen danken. Ebenso danke ich für die Forumsbeiträge im Anschluss an die Magazin-Veröffentlichung. Danke auch an alle für die Bereitschaft, sich an den Experimenten und Forschungen zu beteiligen, und dafür, dass ihr eure Gedanken mit mir geteilt habt, die halfen, meine eigenen Überlegungen zu diesem Thema zu klären und zu präzisieren.

Ganz besonders möchte ich mich bei meinen Lorian-Kollegen Jeremy Berg und Timothy Hass bedanken, die diese Ideen in ihren Seminaren ausprobierten, und meinem Freund John Matthews, der bei der schamanischen Erforschung des Cyberspace Pionierarbeit leistet. Sie alle haben sehr dazu beigetragen, unser Wissen über die feinstofflichen Wesen zu erweitern, die diese Welt gemeinsam mit uns bewohnen.

Außerdem möchte ich mich bei meiner wundervollen Frau Julia bedanken, ohne deren Unterstützung und Einsichten meine Arbeit nicht möglich wäre. Sie ist nicht nur meine wichtigste Lektorin, sondern hilft, diese Konzepte hinunter auf die Erde zu bringen, wo sie schließlich auch hingehören.

Zu guter Letzt gilt meine Anerkennung in Liebe und Dankbarkeit jenen feinstofflichen Kollegen, die bei der Erforschung der Welt der Techno-Elementale und anderer nicht-physischer Realitäten meine Gefährten und Führer sind. Es gibt in diesem Bereich noch so viel mehr zu entdecken und zu verstehen, aber dank euch haben wir einen Anfang gemacht.

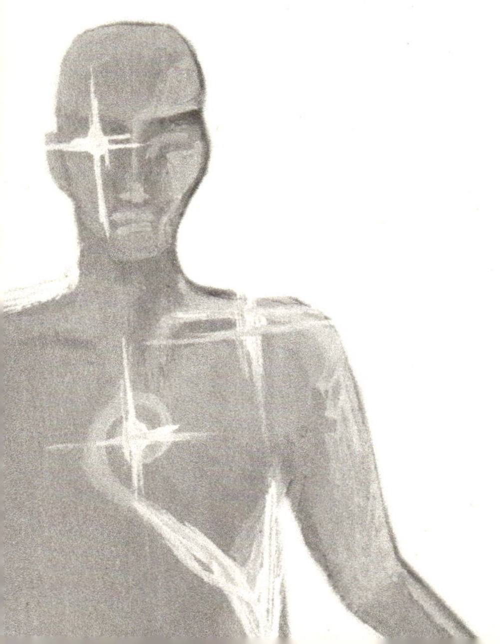

David Spangler

hat bereits zahlreiche Bücher über die feinstofflichen Welten geschrieben. Er lebt im Nordwesten der USA, ist verheiratet und Vater von vier Kindern. Seit 1965 arbeitet er hellseherisch und intuitiv mit einer Gruppe nicht-physischer Wesen aus der geistigen Welt zusammen. Sie gaben sich als Teil einer inneren Schule zu erkennen, deren Absicht es ist, eine spirituelle Lehre zu entwickeln, die sich mit dem Vorgang der Inkarnation beschäftigt. Diese Lehre soll in der physischen Welt inkarnierte Personen – Menschen wie du und ich – in die Lage versetzen, ein gesegnetes Leben zu führen, ihr Potenzial besser zu entfalten und damit selbst eine Quelle des Segens und Wohlergehens für die Welt als Ganzes zu werden. Von 1970 bis 1973 gehörte David dem Vorstand der Findhorn Foundation in Nordschottland an. Im Jahr 1974 war er einer der Gründer der Lorian Association, einer gemeinnützigen spirituellen Bildungsorganisation, in der er heute noch aktiv ist.

www.LorianPress.com

mit Heilsymbol

Pavlina Klemm
Lichtbotschaften von den Plejaden Band 6
Leben in der fünften Dimension
224 Seiten, gebunden, oranges Leseband
€ [D] 19,99 • € [A] 20,60 • ISBN 978-3-95447-444-8

Die Plejader unterstützen uns im Kampf gegen Viren, binden uns an die Kraft der Sonne an, fördern den Lichtkörperprozess, führen uns in neue Zeitlinien und schaffen die Voraussetzung für den Einstieg in die Realität der Neuen Erde. Auch die aktuellen Botschaften enthalten wieder zahlreiche Übungen, aufgeladen mit positiver Energie. Ergänzt werden sie durch Meditationen zur Rückkehr unserer Gesundheit.

»Wir reinigen jetzt diese Realität. Wir gehen Schritt für Schritt mit euch voran.« – *Die Plejader*

Jetzt auch als Hörbuch

Pavlina Klemm
Lichtbotschaften von den Plejaden Band 5
Dein Schlüssel zum Goldenen Zeitalter
224 Seiten, gebunden, oranges Leseband
€ [D] 19,99 / € [A] 20,60 • ISBN 978-3-95447-367-0

Das Bewusstsein der Menschheit wächst. Unaufhaltsam nähert sie sich dem Goldenen Zeitalter an. Eine Elite von Lichtwesen hilft bei der Realisierung und bei der Rettung unseres Planeten. Sie hat sich unter uns verteilt, weniger feinstofflich, so dass sie auch in Konfliktbereiche gehen können. Sie verbinden sich mit dem Licht und dehnen es in alle Dimensionen, Räume und Zeiten aus.

Vorwort von Jeanne Ruland

Pavlina Klemm & Sayama:
Übungs-CDs der Plejader

Heilung durch die kosmische Energie der Zentralsonne (CD 7)
78 Min; € [D/A] 19,99 • ISBN 978-3-95447-447-9

Meditationen und Übungen für das Goldene Zeitalter (CD 6)
78 Min; € [D/A] 19,99 • ISBN 978-3-95447-369-4

Rückholung verlorener Seelenanteile und Heilung von Mutter & Kind (CD 5)
78 Min; € [D/A] 19,99 • ISBN 978-3-95447-366-3

Klangmeditation zur Wiederanbindung der DNA-Stränge [Reiner Klang]
70 Min.; € [D/A] 19,99 • ISBN 978-3-95447-332-8

Hörproben aller CDs auf www.AmraVerlag.de